# ラーメンスープで世界を救う

クックピット株式会社 代表取締役社長
本間義広

SOGO HOREI PUBLISHING CO., LTD

# はじめに

２０１７年10月某日。

私はタイの首都バンコクから西に約１１０キロ、車で2時間半ほどのところにあるカンチャナブリーという町にいました。山と渓谷美あふれる風光明媚《ふうこうめいび》な自然の宝庫として知られているところです。

しかし、この地を訪れたのは観光のためではありません。ハラール対応の鶏白湯《パイタン》スープの製造・販売の海外拠点として建設を進めていたタイ工場の竣工式に立ち会うためでした。

熱帯特有の湿度を含んだ熱気が体にまとわりつく中、タイ人僧侶たちの読経が厳《おごそ》かに響き渡り、タイ流の加持祈祷が始まりました。現地法人の工場長や日本側のスタッフなど、ここまで共に計画を進めてきたメンバーたちも神妙な面持ちです。

テープカットが終わると大きな拍手が湧き起こり、日本人もタイ人もみんなが握手を交わし、集まった人々の笑顔があふれました。

青空に映える完成したばかりの新工場と風にはためく両国の国旗を眺めながら、私はこれまでの出来事を思い出していました。


さまざまな宗教の枠を超えて、世界中の誰もがラーメンを美味しく食べることができる環境を実現したい——そうした強い思いからスタートして、すでに6年が経っていました。

私が「ハラール」の存在を知ったのは、ある企業の商品開発顧問を任され、海外視察でインドネシアとマレーシアを訪れたときでした。工場やスーパーなど、至るところに不思議なマークがついていました。「これは何？」と尋ねると、ハラール認証のマークだといいます。ハラールにはふたつの意味があり、ひとつはイスラム法で合法であること、そしてもうひとつは健康的で清潔、安全、高品質、高栄養価であることです（NPO法人日本ハラール協会ホームページより）。

ご存知のように、ムスリム（イスラム教徒）の人々には宗教上の理由から厳しい戒律があり、豚肉由来の食品や添加物などを食べてはいけないという食事制限があります。

2010年の外務省調べによると、世界中のムスリム人口は約16億人。世界の総人口約

69億人の約23パーセントに当たります。東南アジアには、そのうちの半数近い約7・5億人が集中しています。また、在日ムスリムが約10万人、訪日ムスリムが約35万人、経済成長著しいＡＳＥＡＮ（アセアン）の人口約6億人のうち、なんと4割がムスリムという現状です。世界のムスリム人口はさらに増加し、２０２０年には約19億人に達すると推測されています。

そうした彼らが食べることを許されているのがハラール認証を受けた食品だということを教わったのです。

恥ずかしながら、それまで私はハラールについてほとんど知りませんでした。しかし、今まで私が培ってきたスープ作りの技術と製法を使えば、ハラール認証を受けられるスープを製造することができる。そして、世界市場で売り出すことができる大きなチャンスだと直感したのです。

その第一歩となるのが、生産能力月間36トンを誇るタイ工場です。無農薬で育てた鶏を朝絞めして、その場で新鮮なうちに常圧釜で炊き上げることにより、鮮度の高い、添加物を一切使用する必要のない完全無添加のストレートスープを製造することができるのです。

私がラーメン店の業務用ストレートスープ製造と開店支援コンサルティングの専門会社としてクックピット株式会社を立ち上げたのは２００６年、49歳のときでした。業務用ラーメンスープの製造自体は、１９９４年に私が多店舗展開していたラーメン店「福のれん」の時代から24年間にわたって行っていましたが、広く多くの人に利用してもらうために社外にも販売することにしました。それは、この業界に新しい風を吹き込みたかったのです。

私がラーメン業界に新たな風を吹き込みたいと考えたのには、大きく３つの理由がありました。

ひとつは、スープの仕込み時間を軽減することで、少しでもラーメン店経営者や職人の労働環境を改善して、微力ながらも経営に行き詰ってしまった人たちの手助けをしたいと考えたことです。

ある統計によると、現在、日本全国には3万2000店以上のラーメン専門店があり、中華料理店を入れれば約9万店、その他ファミリーレストランなども含めれば、ラーメンを提供する飲食店は10万店以上も存在すると言われています。２０１７年末の時点でコンビニエンスストアの数が約5万５０００店ですから、いかにラーメンを提供するお店が多いかがわかります。

その一方で、閉店を余儀なくされる店も多いのが実情です。

ラーメン業界は、味の良し悪しと個性が勝敗を分けると言ってもいいでしょう。そのため個人経営の店も多く、大手チェーンへの寡占化が激しい飲食業界の中でも独立系が多い業界です。また、参入障壁の低さからも毎年3000~4000店が新規開店していると言われます。

しかし同時に、ほぼ同数の店が毎年姿を消しており、開店から1年以内に閉店する店の割合は4割超、3年以内では7割以上の店舗が閉店しているという厳しい現実があるのです。

なぜ、これだけ多くのラーメン店が廃業に追い込まれているのでしょうか。

競合店が多ければ、もちろん競争率が激しくなります。美味しくない、魅力がない、あるいは経営能力がない経営者の店は淘汰され、マーケットから退場せざるを得ないのは自明の理でしょう。

しかし、実はもうひとつ廃業に至る大きな問題があります。それは労働環境の厳しさです。

閑古鳥が鳴いている店は別としても、どのジャンルでも料理人の仕事はほぼ立ちっぱなしで、冬場は厳しい冷え込みもあり、肉体的にはきつい仕事です。ラーメン作りもまた同様に大変な重労働です。

たとえば、一般的なラーメン店を例に考えてみます。11時に開店して22時に店を閉めるとすると、実働11時間。一見、プライベートの時間は確保できるように思われるかもしれません。しかし実際は、閉店してからの後片づけ、食器や調理器具の洗浄、店内清掃、売上げの計算と帳簿の記帳、それに次の日の準備もしておかなければいけません。なかでも、もっとも重要で過酷な仕事が味と香りのベースとなるスープの仕込みです。

スープはラーメンの命と言ってもいいものです。各店の職人がさまざまな研鑽《けんさん》と工夫を重ね、さまざまな個性あるスープが誕生し、現在のラーメン人気を支えていると言っても過言ではありません。

多くのラーメン店では、自家製のスープを作るために8時間以上もの時間を費やしています。しかも、ただ鍋を火にかけて煮込んでいれば自動的にスープができ上がるわけではありません。アクを取り、火加減を調節しながら、焦げつかないように定期的にかき混ぜる作業も欠かせないので、鍋のそばから離れられないものなのです。

その結果、ラーメン店経営者の多くはまともな睡眠時間も取れず、プライベートでは家族との時間をまったく作れない状況になり、最終的には営業を続けられなくなって廃業せざるを得ない人も出てしまうのです。こうした厳しい労働環境は、過去に私も経験してきたことでした。

しかし、当社のスープがあれば、スープの仕込みという重労働からラーメン店経営者や職人たちを解放することができ、人件費と労働時間を削減することができます。すると、売上げも上がり、家族との時間を持つことができ、仕事もプライベートも充実させることができます。結果として、長く店舗の経営を続けられる可能性が高まります。

2つめは、当社のスープを使うことで誰でも独立開業ができるシステムの構築です。

私は、のれん分けともフランチャイズとも違う「味分け」と名づけた独自の開業支援システムを開発し、これまで多くの開業のお手伝いをしてきました。

第4章で詳しくご説明しますが、この「味分け」システムを活用することで安価に、しかも厳しい修行経験やスープ作りの重労働をしなくても、脱サラを考えているサラリーマンの方でも主婦の方でも、誰でもすぐにラーメン店を始められるようになるのです。

そして3つめの理由は、私も料理人のはしくれとして、人生を賭けてスープを究めたいと思ったことです。

私はこれまでの研究の結果、「スープの美味しさのもとは甘味であり、甘味を生み出すのは食材の鮮度である」という結論に至りました。それは、日本料理やフレンチ、イタリアンや中華をはじめ、どのジャンルの料理人でも、「美味しい料理を作る秘訣は?」と聞かれたとき、一流であればあるほど「料理の腕」と言う前に「食材の鮮度」と答えることからも明白です。

私は10年間、板前として調理場に立ち、20年以上ラーメン店の経営をしてきた者として、新鮮で無添加、一度飲んだら忘れられない、誰もがやみつきになるような本物のスープを作りたいと思ったのです。

スープの製造については後ほど詳しくお話ししますが、当社では、養鶏や養豚などの家畜の食肉処理場の敷地内にスープ製造のための専用工場を設置して、主に鶏、豚、牛の骨から炊き上げた白湯《パイタン》スープを製造しています。工場では設計に3年を費やした特注の常圧5トン釜を使って毎朝スープを炊き上げているのですが、これらはすべて原料の鮮度を最大限に確保するという考えから生まれたものです。

特別な製法で新鮮な原料から作ったスープは、臭みがまったくなく、甘味が主役として全体を包み込みながら、旨味とコクとの絶妙な一体感を奏でます。香味が口中に広がり、鼻腔を抜ける頃には、あなたもこのスープの虜《とりこ》になっているはずです。

おかげさまで、当社の業務用ストレートスープは全国のラーメン店にとどまらず、外食チェーン店や居酒屋、さらには大手企業の社員食堂などの施設にも拡がり、現在1500店以上のお店でご使用いただいています。

そして、ラーメンや料理の範疇を超え、さらには国境も越えて新たな可能性が現在進行形で拡がり始めています。

どうしてもラーメンのスープは、塩分とカロリーの高さで悪者扱いされることもありますが、私たちの作るスープは今、アンチエイジングなど健康や美容の分野におけるサポート飲料としても注目されています。

また、冒頭でお話ししたように、食事の戒律の厳しいムスリムの人々へのハラール対応としてタイ工場の稼働を始めることができたことで、鶏白湯スープの世界市場での製造・

供給も始まっているのです。

しかし、ここまでの道のりは、けっして平坦なものではありませんでした。

日本料理の見習いからキャリアをスタートし、板前、大手外資系レストランチェーンのスーパーバイザーとして働いてきた私は、1992年、ある一杯のラーメンとの出会いによって、この奥深いラーメンの世界に飛び込みました。

それは人生の大転換でした。思いもよらず、私はスープによって人生を大きく変えられたのです。

その後、多店舗展開して18店舗のラーメン店を経営してきましたが、すべての店舗を失うという苦い経験もしました。そうした経験から私が学んだことは、人間は一人では何事も成すことはできないこと、そして美味しい料理は作り手の作品などではなく、食べてくれた人を笑顔にして、幸せにするためにあるということです。

スープによって人生を変えられ、スープに救われ、そしてスープで自分を生かし、微力ながらもお客様への貢献ができている、それが私のこれまでの人生であり、そうした中から生まれたのが、私が作る究極のラーメンスープなのです。

私は、「旨いラーメンスープの定義とは……」などといった評論家ぶった話をするつもりはありません。これまでの身の上話を切々と語りたいわけでもありません。ここまで多くの人に支えられながら、本物のスープ作りにこだわってきた男の話は最後に振りかけるスパイスのようなもので、主役はあくまでもスープです。

まずは堅苦しいことは抜きにして、うちの直営店である「麺や福十八《ふくとはち》」で、メンマかチャーシューをつまみに一杯やるようなつもりで本書を読み始めていってください。もちろん締めには極上スープのラーメンでおもてなしいたします。

本書がスープの魅力と未来の可能性を伝えるものになれば、これほどうれしいことはありません。そして、みなさんにとって何かしら経営とビジネスのヒントになることがあればと願っています。

# 目次

## 第2章　味で多くの人を幸せにすることこそ我が天職！



## 第3章　一杯のラーメンが私の人生を変えた！

## 第4章 世界中で受け入れられるラーメンを作る!

## 第5章 失敗を恐れずに最初の一歩を踏み出せ！

取材・構成　廣瀬智一
ブックデザイン　八十島博明(Grid Co. Ltd.)
本文写真提供　クックピット株式会社
カバー&本文写真撮影　よねくらりょう
対談写真撮影　小原泰広

第1章

# ラーメン屋の一番大変なところ、請け負います

## 極上スープの白湯ラーメン、あります！

東京・本郷三丁目。

多くのビジネスマンや学生が行き交うこの街の大通りに面した一角に、私が経営するラーメン店「麺や福十八」はあります。

鶏白湯と豚白湯のラーメンがメインで、2つをブレンドした鶏豚のWスープ、みそやしょうゆをベースにしたものや季節によってアレンジを変えたもの、焼きラーメンなどの変わり種もご用意しています。

さらにはラーメンに加えて、お酒と一品料理も提供しています。味玉やメンマなどの手軽なものから、特製スープの水餃子や焼き餃子、鉄板焼チャーシュー、四川麻婆豆腐、もつ鍋なども取りそろえています。つまり、鶏白湯と豚白湯の両方を贅沢に味わえるラーメンの専門店でありながら、夕方からは（もちろん昼からでも）気軽に立ち寄ることができる一杯飲み屋のような居酒屋にもなる、という2つの顔を持っているのです。

平日の営業時間は午前11時00分～午後10時30分。今日も昼前の開店から夜の閉店まで、お

店名には「18店舗を展開していた福のれんを受け継ぐ」という意味を込めた

客様からの注文がひっきりなしに入り、厨房は大忙しです。

注文が入ると、まずはお湯が沸き立つ「ゆで麺機」の中で行儀よく並んだ「ゆでカゴ」に、指先で軽くほぐしながら麺を投入します。

麺がお湯にしっかり浸かったのを見届けると、温めていたどんぶりを用意し、〝かえし〟とも呼ばれる特製のタレと調味油を入れ、しばし待つこと30秒。麺が茹で上がる頃合いを見計らって、熱々の白湯スープをどんぶりに注ぎ入れます。

当店の豚白湯スープは臭みがまったくなく、上品な甘みと香味が引き立っています。鶏白湯スープは濃厚なポタージュのようなコクとまろやかさの中に、鶏本来が持つ旨味が凝縮されたものです。

乳白色のスープの表面には大小いくつもの油の粒がキラキラと弾け、いつ見ても美しい。今日も変わらずスープの出来は上々です。

手早く麺の湯切りをしたら、いよいよスープの中に麺をほぐし入れ、チャーシュー、メンマ、青ネギなどおなじみの具材をいつもの場所に配置。これで、当店自慢の白湯ラーメンの完成です。

一見、私の店はどこにでもある普通のラーメン店に見えることでしょう。提供しているものも定番の鶏白湯と豚白湯ラーメンで、特に見た目に奇抜な趣向を凝らしているわけでもありません。しかし、普通のラーメン店とは大きく違うことがあります。それは、ラーメンの命とも言える出汁《だし》スープを店内で仕込んでいないことです。そう聞くと、少し驚かれるでしょうか。

## 自分の店で出汁スープを仕込まない理由

ラーメン店といえば、厨房には出汁スープを仕込むための大きめの寸胴鍋がある、というのが多くの人のイメージでしょう。店の個性や味の良し悪しは、このスープが握っていると言っても過言ではありません。そのため、通常のお店では8時間以上もかけてスープを炊き上げていると思います。

ところが、私の店にはスープの仕込み用の大きな寸胴鍋がありません。なぜなら、必要がないからです。もちろん、スープ用の鍋はありますが、直径33センチのコンパクトな寸胴鍋ですから、おかげで厨房内にスペースと動線が確保されて作業がしやすくなっています。

一般のお客様は気づかないと思いますが、ラーメン店や飲食店での仕事をした経験がある人であれば「何かが足りない……」と、ちょっとした違和感を覚えるかもしれません。

厨房内はいつでもスッキリと整頓され、清潔です。豚骨ラーメンと聞くと、好みの問題はともかく、「美味しそう」「あぁ、食べたい」という思いとともに「脂《あぶら》がギトギト」というイメージを持つ人もいることでしょう。

確かに、厨房内の調理器具が脂まみれだったり、店内の床が脂汚れでヌルヌルしているお店も中にはあります。味が良ければ、「こうした雑然として汚れた感じの店こそ本当に旨いラーメンを出すんだよ」といった常連客からの評価を得ることもあるでしょうが、やはり清潔感のない店はいただけません。

その点、当店の厨房や店内の床は脂でベトつくようなことは一切ありません。さらには出汁を取った後の鶏ガラや豚骨などの廃棄物が出ないので非常に清潔です。


自分でスープを仕込まないラーメン店を、みなさんはどう思われるでしょうか？「個性のない、まずいラーメンを出すに違いない」「そんなものはラーメン専門店とは言えないのではないか？」と思うでしょうか。それとも、「美味しければ何も問題ない」と思うでしょうか。

また同業者からは、「自分でスープを仕込まなければオリジナリティが出せないのではないか？」「店でスープを仕込まないことに何か罪悪感がある」という声も聞こえてきそうです。そして同時に、「では、スープをどうやって調達しているのか？」という疑問を持たれることでしょう。

## 「スープは自前で作る」という固定観念を打破する

私の店でスープを用意するときは、まずは冷凍庫の扉を開けます。中から凍った板状の物体を取り出し、真空パックを開いて中身をそのまま鍋に投入し、弱火で解凍していきます。この物体がある程度鍋の中で溶け出してきたら強火に切り替え、さらに温めます。これで出汁スープの完成です。この間、30分という早さです。

この凍った板状の物体が、当社が独自に製造しているストレートスープです。作りたてを工場で瞬間冷凍しているのでこうした形態になっています。

では、肝心の味と香りのほうはどうかといえば、店で炊き出したものとは変わらないどころか、他のお店では味わうことができない、さっぱりとしていながらコクがあり、新鮮な香りが立ち上る極上のスープです。添加物や化学調味料を一切使っていないので、体にやさしい、昔ながらの本物の味です。それは、味に素直な子供たちが残さずスープを飲み干してくれることが何よりの証明でしょう。

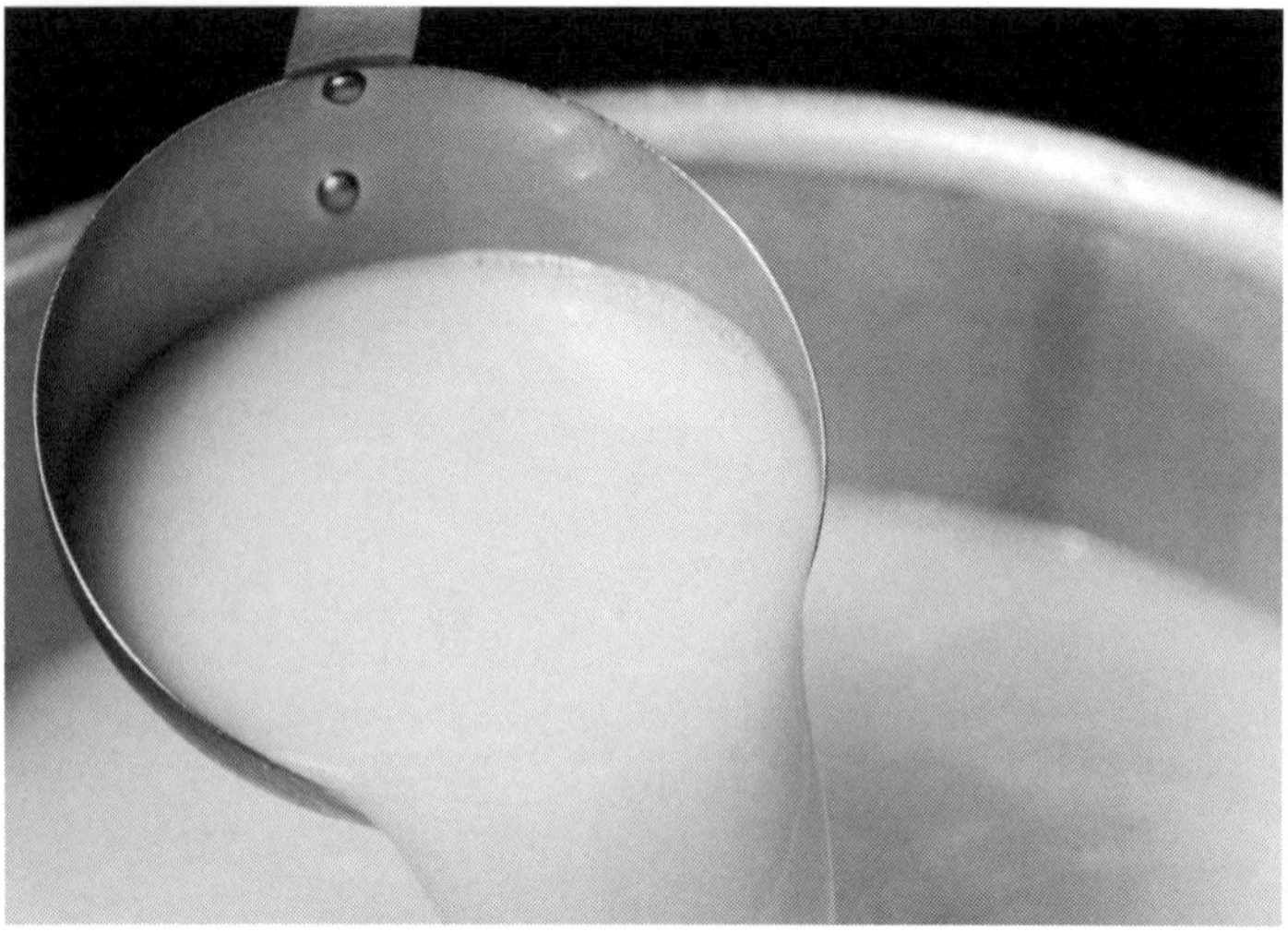

濃厚な白濁スープは厳選した原料から生まれる

ラーメンを作る際は、このスープを出汁として使い、しょうゆベースやみそベースなど各店がそれぞれオリジナルのタレ（かえし）と合わせることで、そのお店独自のラーメンスープを作ることができます。要するに、ラーメン店ではこのスープを素材のひとつとして使うことができるのです。

今この場で、スープの味と香りを伝え切れないのが歯がゆいところですが、私のお店に来ていただければ、いつでも味わっていただけます。つまり、当社のスープを体感していただくためのモデル店としての役割も「麺や福十八」にはあるのです。

私は、全国のラーメン店経営者や職人の方々に「ラーメンのスープは各店が手間をかけて独自に作るもの」「店で長時間かけて仕込まなければ本当に美味しいスープを作ることはできない」「ラーメン店の重労働は当たり前のことだからしょうがない」といった先入観や固定観念を今すぐ捨てていただきたいと考えています。そして、自分の店でスープを仕込まなくても、オリジナリティー溢れる最高品質のスープを手に入れることができることをお伝えしたい。それが私の思いです。

なぜなら、ここまでお話ししたように、クックピットのスープを使用すれば、簡単に味のブレのない本物のラーメンを、いつでもお客様に提供することができるからです。また、作業の効率が上がり、お店を清潔に維持し、スープを仕込むための原料費やガス代などの光熱費も大幅に削減することができます。

そして、もっとも大きなメリットは、スープの仕込みというラーメン店経営における一番の重労働から経営者や職人を解放することができるということです。

# ラーメン店経営者の負担を限りなくゼロにする魔法のスープ

26年前、私がラーメン修行を開始したのは、東京・西麻布の「赤のれん」という博多ラーメンのお店でした。１９７８年に東京初の豚骨ラーメンの専門店として開業したお店で、味の評価も高く、首都圏における豚骨ラーメンブームの火付け役となった超人気店だったので、修業時代は大変な重労働でした。

通常の１日の勤務スケジュールは次のようなものでした。

深夜の2時に出勤。真冬などは身も凍る寒さの中、スープの仕込みを始めます。常時、鍋の前にへばりついているわけではありませんが、アクを取り、スープが焦げつかないように定期的にかき混ぜなければいけないので目が離せない仕事です。スープの仕込みの合間には、食材の調理や具材の準備を進めておきます。

午前10時から開店準備にかかり、午前11時に開店。昼のランチタイムから閉店の23時まで、お客様の行列は途切れることなく続きます。特にランチタイムでは、毎日２５０人以上のお客様が怒涛のごとく入れ替わりで来店されるので、私にとってはまるで地獄のような忙しさでした。

そんな状況ですから休憩をとれる日があればいいほうで、ほぼ毎日、早朝から立ちっぱなしで休みなく働き続けていました。

閉店後は後片づけがあります。いいお店というのは、いつも清潔に保たれているものです。私は食器や調理器具を一つ一つ丁寧に洗い、店内清掃をして24時頃に上がるという状況でしたから、１日の労働時間は20時間以上。帰宅して２～３時間寝て、また午前２時には出勤という毎日でした。


人気ラーメン店には労働基準法や労働安全衛生法の遵守などあったものではなく、今の時代ならブラックな職場として問題になりかねない勤務状況ですが、まっとうな多くのラーメン店経営者たちは今でも日々、大変な重労働をこなしています。

多くのラーメン店経営者たちは、開店当初は全力投球、やる気に燃えてがんばることができても、日々の疲労が蓄積していき、徐々にペースダウン。中には、しっかり教育をしないまま営業時間のほとんどをアルバイトに任せきりにしてしまう人もいます。

そうした場合、商品の品質や接客サービスの低下を招き、お客様の足が徐々に遠のき、売上げもダウンし、結局は悪循環に陥ったまま抜け出せなくなり、廃業してしまう人も少なくありません。

私の場合も家庭など顧みることができず、子供の面倒を見ることもできなかったため、「夫婦の間に微妙な空気が流れ始めたのは、すべてこの店のせいだ」と冗談半分に師匠に愚痴を言ったこともありました。しかし、かなり本音から出た言葉で、実際プライベートの時間もなく、睡眠時間を削って働き続けるには相当な覚悟と体力がなければ、とても続けられるものではありませんでした。

こうした自分の経験からも、私はラーメン店におけるスープの仕込み作業にかかる時間と労力を軽減する必要性を痛感しました。

そこで、ラーメン店を多店舗展開するタイミングでスープ工場を外部に立ち上げ、各店舗でのストレートスープの使用を開始。その後、２００６年にオリジナルのストレートスープの製造を行う現在のクックピット株式会社を創業して、他のラーメン店や飲食店へもスープを卸す方向に舵を切っていったのです。

スープの仕込みにかかる手間と時間を節約し、労働環境を改善することができれば、お店の経営を安定させることができます。労働環境がよくなれば、肉体的にも精神的にも余裕が生まれます。そこで商品の品質を安定させ、接客サービスも向上すれば、売上げの増加も見込めます。また近年、飲食業界でも問題になっている深刻な人手不足問題を解消することもできます。

そして、経営者も従業員などのスタッフもプライベートを充実させることができ、やりがいを持って働くことができます。結果として、開業から3年以内に7割以上が廃業するという現実を改善することができ、経営者は長く経営を続けていくことができるようになるのです。

## 美味しいスープ作りの秘訣は素材の新鮮さにあり

では、当社のスープはどこで、どのように製造しているのか、ここでは鶏白湯スープを例にお話ししましょう。

現在、当社のスープは鹿児島県に2カ所、宮崎県と茨城県にそれぞれ1カ所ずつある専用の工場で製造しています。そのひとつが鹿児島県の北西部、熊本県との県境に位置する出水《いずみ》市にあります。

出水市は日本一のツルの渡来地があることで有名で、出水平野の一部は「鹿児島県のツルおよびその渡来地」として国の特別天然記念物に指定されています。毎年、冬の訪れとともにシベリア方面から越冬するツルはナベヅルやマナヅルなど計7種類。1万5000羽以上のツルが飛来する光景は圧巻で、これを目当てに多くの観光客が全国から訪れます。また、水が美味しいことでも知られ、市内に数件ある酒蔵や工場が蒸留する薩摩焼酎はまろやかで、すっきりとした味わいが特徴です。

鹿児島空港から車で2時間ほど走ると食肉処理場に到着します。敷地内にはスープの製造工場が併設されています。ここでは鹿児島県の銘柄鶏である「南国元気鶏」を無農薬の飼料で育てています。

当社のストレートスープの製造プロセスを簡単に説明すると次のようになります。

①午前中に鶏を絞め、すぐに下処理と脱血（血抜き）処理を施す

②午後一番に工場内に設置している常圧5トン釜に、水と親鶏の中抜き（羽と頭、内臓を取り除いたもの）、若鶏のガラだけを入れ、何も加えず下処理を施す
③5時間の強沸で骨が砕けるまで煮出していく
④その後、水分が約40パーセントになるまで炊き上げ、香味成分を高めていく
⑤でき上がった濃厚スープを抽出し、静置タンクに移して、急速充填後、瞬間冷凍して商品の完成

食肉処理場の敷地内にスープの製造工場を併設しているのは、鶏の鮮度を最大限に確保するためです。

たとえば、東京のお店でスープを炊き上げる場合、鶏の業者から原料が手元に届くまでには当然、時間がかかります。冷凍ものを使う場合でも、やはり鮮度は確保できません。その点、食肉処理場の敷地内に設置した工場であれば時間のロスがなく、原料が新鮮な状態のままスープの製造をすることができるのです。

## 私が徹底して原料の鮮度にこだわる理由

私が原料の鮮度にこだわるのには理由があります。ひとつはスープの臭みの原因となる雑菌の繁殖を防ぐため。そして、もっとも大きな理由は素材が持つ本来の「甘味」を最大限に引き出すためです。

料理の美味しさは、さまざまな要素が組み合わさって生み出されるものです。また、ひとくちに美味しさといっても感じ方は人それぞれで、絶対的な基準があるわけではありません。しかし、美味しさにおいてもっとも大切なことは「甘味」と「旨味」のバランスだと私は考えています。

たとえば、アジの開きとアジのたたきの違いを例に考えてみます。

アジの開きでは、時間の経過とともに身の中のタンパク質が酸化していき、アミノ酸に変化します。これはエイジング（熟成）といって、化学的にはタンパク質の分子の結合が離れた状態ですが、このアミノ酸が旨味成分になります。そのため、しょうゆなどの調味料はなくても焼いて食べれば旨味たっぷりのアジの開きを美味しく味わうことができます。

一方、アジのたたきは、身をさばいてから時間があまり経っていないので、タンパク質がアミノ酸に変化する前の状態にあります。化学的にはタンパク質の分子がまだ結合した状態で、少し専門的になりますが、これを〝ペプタイド（ペプチド）連鎖〟といいます。

そのため、アジのたたきは身がコリコリとして、ほのかな甘味を味わうことができます。その新鮮な身に、しょうゆやみそを合わせれば、アジの身が持つ本来の美味しさを味わえます。

私がスープ作りで大切にしていることは、鶏や豚のたんぱく質がこの〝ペプタイド連鎖〟のままのときの甘味を出すことで、これは素材の鮮度によってしかもたらされないのです。

こうして作り上げた、新鮮な甘味にあふれたスープに、日本古来のしょう油やみそなどの旨味たっぷりの発酵調味料をベースにしたタレを合わせることで極上のラーメンスープが完成します。

つまり、ラーメンスープの美味しさは、素材の鮮度によって引き出される甘味と、熟成から醸し出された調味料の旨味の絶妙なハーモニーによって生み出されるものなのです。

日本料理の板前にとっては、鮮度のいい食材の調達と出汁を取ることがもっとも大切な仕事です。私の10年間に及ぶ日本料理の板前人生で学んだ技術とこだわりが、ラーメンスープへのこだわりに生かされているのです。

## 3年かけて作った常圧5トン釜で世界にひとつだけのスープを作る

私がスープを作る際にこだわっているのは原料の鮮度だけではありません。素材に対する丁寧な下処理も大切です。

たとえば、博多ラーメンの豚骨スープの特徴のひとつは、骨から溶け出した脂やカルシウム、コラーゲンなどの成分による白濁と濃厚さですが、中にはあの独特な臭いが苦手という人もいると思います。

前述したように、私がラーメン修業をした西麻布の「赤のれん」は東京で初めて開店した本格的な豚骨ラーメンを味わえるお店であり、大変な繁盛店でした。その成功の要因には店主である私の師匠、赤坂英晃さんの徹底したスープへのこだわりがありました。

もちろん、素材の鮮度へのこだわりもありましたが、同時に食材の下処理を丁寧に施していたことも大きな要因でした。

鶏でも豚でも、脱血（血抜き）をしないままだと、どうしてもスープに独特な臭みとえぐみが出てしまいます。そこで、私の工場では朝一番で絞めた後にしっかりと血抜きを施します。そのおかげで、濃厚でありながらスッキリとした、臭みのない上品な甘味と香りのあるスープを作り出すことができるのです。

また、スープを炊き上げる釜についても特別なこだわりが生かされています。

私が本格的にスープ製造を始めたのは、今から26年前のことでした。初めはラーメン店の多店舗展開の準備のために師匠の許可を得て始めたことだったのですが、その頃は全国の食品工場をいくつもあたって探してみたものの、私の求めるスープを作ることができる釜はどこにもありませんでした。

ある大手食品メーカーの工場には10トンの業務用加圧釜はあったのですが、それでは私の理想とするスープを作ることができませんでした。加圧釜では製造時間を大幅に短縮できる代わりにアクを取ることができないのでいいスープができないのです。

そこで試行錯誤の末、3年をかけて完成したのが今もフル稼働している特注の常圧5トン釜の改良機です。原料の旨味と甘味と香りを引き出してくれるような常圧5トン釜はそれまでどこにもなく、おそらく日本初の画期的な試みだったと思います。

今まで長時間かけてスープ番をして、人の手でアクを取っていたものを、この常圧釜がすべてをやってくれるようになったことで、スープ作りの重労働が飛躍的に改善され、世界でただひとつの本物の極上スープを毎日全国のラーメン店や飲食店に供給できるようになったのです。


当時の私は、まったく考えもしていなかったのですが、今にして思えば、こうしたスープの製法や常圧釜の製作は、後のハラール認証のスープ作りにも生かされていくことになります。

つまり、これまで学んできた日本料理とラーメンという2つの料理から学んだ伝統や技、そして神髄は私にとってひとつも無駄なものはなく、すべてがつながり、今の私の仕事に生かされているのです。

しかし、現在の体制を作り上げることは、言葉で言うほど簡単なことではありませんでした。日本料理の見習いを始めてから42年、ラーメンの世界に足を踏み入れてから26年という歳月の中で数々の失敗と試行錯誤を繰り返し、多くを学び、さまざまな人に支えられ、助けられてここまで来ることができたのです。

「人は、運命を避けようとしてとった道で、しばしば運命に出会う」

これはフランスの詩人で、「すべての道はローマに通ず」や「火中の栗を拾う」などの名言を遺したジャン・ド・ラ・フォンテーヌ（１６２１～１６９５年）の言葉です。もしかしたら、みなさんにも思い当たるところがあるかもしれません。

私自身、もちろん順風満帆にすべてが上手く進んできたわけではなく、いつも遠回りをして運命を避け、頭をぶつけて痛い思いをしてきた人生だったような気がします。人から見れば、おかしな道を選択してきた男だと思われるかもしれません。

しかし、そこには常に運命のような人との出会いと縁があり、大きな運命の導きとも思える変化の中で自分なりに戦ってきた人生だったと思っています。

次章から、当社のスープがどのようにしてできたのか、そしてこのスープが持つ今後の大きな可能性について、さらに詳しくお話ししていきたいと思います。まずはその前に、私という人間を知っていただくためにも少しお時間を頂戴し、これまでの私自身の半生をお話させていただければと思います。少々おつきあいください。

# 第2章

# 味で多くの人を幸せにすることこそ我が天職！

## 剣道との出会いで人見知りの性格が変わった少年時代

私が生まれたのは1957年、東京都北区にある王子という町です。当時は、まだ下町の面影が色濃く残る場所で花柳界もあり、東国三十三カ国の稲荷の総元締めとされ、落語の『王子の狐』の舞台にもなった王子稲荷神社の界隈は、いつも人が賑やかだった思い出があります。

小さい頃の私は人見知りで恥ずかしがりやの大人しい子供でした。内向的な面を直そうとした両親から剣道を勧められ、小学校入学と同時に王子警察署の剣道道場に通うようになりました。しかし、道場には私以外に子供がいなかったため、大人に交じっての稽古はいささか居心地の悪いものでした。

ところが、小学校の4年生になると状況が一変。近所に剣友会ができたため、そちらに移籍すると一気に友達が増えていきました。

剣道の師範は近所のみそ屋の店主で、当時の私たちは〝みそおやじ〟と呼んでいました。地域の青少年の教育委員もしていた人だったので、私ら子供たちはよくみそおやじや近所

剣道に打ち込んだ中学時代

のお兄さん、お姉さんといっしょに施設や町内会などのボランティア活動に出かけたものでした。そうした活動のおかげもあって、私は小学校の高学年の頃にはすっかり活発な少年に変貌していました。

剣道を続けて、もっと強くなりたいと考えていた私は中学校に入学して愕然《がくぜん》としました。剣道部がなかったのです。そこで、同級生の堀江君と1年先輩の山下君と3人で相談し、体育の先生に直談判に行くことになりました。

ところが、「顧問の先生が足りないからダメだ」と言います。「ただし、どこかの運動部を1つ潰してくれれば剣道部を作ることはできる」と言うのです。

私たちが相談していると先生がやって来て、「サッカー部を潰してきてくれ」と言うので、「では、そうします」というわけで、早速、サッカー部の部室に乗り込むことになりました。

私は中学校に入学したてで、何も知らないことが幸いしたのかもしれません。私たち3人は無邪気にサッカー部の部室のドアを開けました。すると、そこにはまるで絵に描いたように立派な不良のヤンキー先輩が5～6人で迎えてくれたのです。

私たちを一斉に睨みつける10いくつの鋭い瞳……。私は心の中でつぶやきました。「なぜ、山下君は教えてくれなかったのか……」と。隣の山下君の顔を見ると、どうしたわけか仏のような微笑みを浮かべています。そのあまりにご利益のありそうな微笑みを見て、私はなぜだか理由もなく安心し、話を切り出しました。

「すみません、実は剣道部を作りたいので先生に相談したら、サッカー部を潰してこいと言われて。それで来ました」

私は、あまりにも素直で率直すぎる12歳の少年でした。

すると、一瞬の沈黙の後、リーダー格とおぼしきヤンキー先輩が立ち上がり、まるでスローモーション映像のようにゆっくり近づいてきて私に言いました。

「いいよ」

交渉は、すんなり成立してしまったのでした。

「まぁ、座れよ」と促され、放し飼い状態のヤンキー先輩の群れの中に分け入った私たちは、その後1時間ほど剣道の魅力について熱く語っていました。ヤンキー先輩たちも、すっかり私たちの話に聞き入っていました。

そうして、私たちの不思議な1日は終わったのでした。

数日後、サッカー部の部室の看板は「剣道部」に付け替えられ、部員は一気に15人に増えていました。なんと、ヤンキー先輩全員が剣道部に移籍したのでした。

賑やかな部室に、頼んでいた竹刀《しない》や防具が届いた日、みんなの興奮はマックス最高潮に達しました。

「これ、いいなぁ」

「あぁ、格好いいなぁ」

あるヤンキー先輩は小手をはめながら満足そうにつぶやき、またある先輩は竹刀を握りしめ、やる気満々の様子でした。

ところが事件が起きたのは、その数週間後のことでした。

私たち3人を残し、ヤンキー先輩たちが中学校の裏手にある私立高校に殴り込みをかけに行ってしまったのです。

「今日は先輩たちがいなくて静かだな」

何も知らずにのんきに話していた私たちのいる部室に顧問の先生がやって来て、たった今、王子警察署から連絡があり先輩たち全員が補導されたことを告げられました。

「本間、あとはお前に任せた。王子警察署まであいつらを迎えに行ってくれ」

そう言い残すと、先生は何事もなかったようにそそくさと帰ってしまいました。私たち3人は、取るものも取り敢えず警察署に向かうことにしました。


王子警察署の中に入ると、道場でも顔馴染みだった警察官が迎えてくれました。

「おう、本間、元気か。剣道がんばってるか？　たまにはうちの道場にも顔を出せよ！」

「実は、そのぉ……剣道の件でちょっと……いや剣道は関係なくて……うちの先輩がお世話になっているらしいので迎えに来ました」

私は要領を得ない説明をしつつ、馴染みの警察官に案内され署内の奥深くに進んでいくと、先輩たちが補導され押し込められていた部屋に到着しました。

「おぉ、本間が来てくれたのか。これでやっと帰れるぞ！」

先輩たちは大盛り上がりです。私は目の周りを腫らしたり、口元に血のついた顔をした先輩たちを引き連れ、王子警察署を後にしたのでした。

「しかし、本間はすげえな、警察で顔パスかよ」

帰り道、警察官と親しげに話していた私を見ていた先輩が、感心したように言いました。

私たちの背中を真っ赤な夕日が照らしていました。

結局、剣道部には謹慎処分は下されず、その後も私たちは剣道の稽古を続けました。当時は、そうしたことが許されるような大らかな時代だったのです。

## 大棟梁の父親と、しっかり者の母親の思い出

私の父は新潟県の佐渡島から上京し、大工の見習いから叩き上げた職人でした。私が子供の頃は、４人ほどの若い衆を束ねる大工の棟梁《とうりょう》をしており、家の中はいつも威勢のいい

声が絶えませんでした。

母は東京・木場の生まれで、先の大戦の東京大空襲を生き残った人でした。当時はまだ着物を着ており、いつも凛《りん》としている女性でした。毎朝、父と若い衆全員にごはんを食べさせ、弁当を作って持たせてやるのが日課でした。

朝食時は若い衆が家に集合し、全員そろってごはんを食べます。勢いよくどんぶり飯をかき込むと、父は自分の名前から一字を取った「大義」の文字の刺繍を背中にあしらった半纏《はんてん》をサッと羽織り、はちまきを締めて出かける準備を始めます。

玄関の上がり框《がまち》に腰掛け、12枚の小鉤《こはぜ》のついた特注の足袋に、さらに革のブーツを履いて立ち上がると、母は父の背中に火打石をカンカンと打って邪気を払ってから、送り出すのでした。

250CCの真っ黒なバイクにまたがり、ドドドドッと重低音を響かせ、父が颯爽《さっそう》と出かけて行くと、その後を追って若い衆たちはスーパーカブに乗り、連なって走り去っていくのでした。私は、そんな父の背中をよく見送ったものです。

ある年の隅田川の花火大会のとき、父はポンポン船をチャーターして、家族と若い衆を

家の近くの公園で撮影した家族揃った写真（左から私、父、母、妹）

乗せて、大輪の打ち上げ花火を見せてくれることがありました。船上の父は、いつも場を仕切っていました。クレジットカードなどない時代、父はラクダの腹巻からお金を取り出しては大判振る舞いをしていたことを思い出します。

父は江戸風でいうところの、粋でいなせな格好のいい男で、私の憧れでした。職人気質でしたから、「釘を10本打つところを5本で済まそうとするのが建て売り住宅だ。だから俺は建て売りの仕事は請け負わなねえ」などと言っていたものでした。そうした職人気質な部分は私も少しは受け継いでいるように感じます。

小学生の頃、作文に「僕のお父さんは

大工の棟梁だから大棟梁《だいとうりょう》。僕も将来はお父さんのような大棟梁になりたいです」などと書いたものでした。しかし結局、私は大工の道は選ばず、なぜか料理の道に進むことになるのですが……。

子供の頃のエピソードとしては、生き物にまつわることもあります。

私は動物でも昆虫でも、とにかく生きているものは何でも大好きでした。なぜ、こんな生き物がいるのか、なぜこんな色や形をしているのかと考えると本当に不思議で、時間が経つのも忘れて観察したり、いじって遊んだりしていました。

当時は、どこにでも野良犬がいるような時代でしたから、近所で犬や猫を見つけると大抵は家に連れて帰って来るし、ハツカネズミやトカゲ、昆虫などを家の中に放し飼いにしていたので母からはよく怒られたものでした。今から考えると、小さな生態系が家の中にできているような状態でした。

あるとき、父が驚いた様子で居間にやってきたので何事かと思えば、「仕事部屋で図面を引いていたらハツカネズミに足の指をかじられた」というので家族で大笑いしたこともありました。その後も父は、何回かハツカネズミに足をかじられていたようでしたが、私は一度もかまれたことはありませんでした。

生物だけはよく勉強したので、中学校から高校までは得意科目でした。高校時代の定期テストでは、いつも１００点満点。その代わりに物理などは大の苦手で、テストでは自分の名前しか書けないような体たらくでした。そうしたこともあって、私は将来的には獣医になりたいと考えるようになっていきました。

## 心機一転、大学進学をやめ料理人の道に進む

高校でも剣道を続けたいと考えた私は強豪校の巣鴨高校に進学しました。当時の巣鴨高校は国体にも選手を送っていたほどだったのです。

しかし、人生というのは思うようにはいかないものです。２年生の春に膝を壊してドクターストップがかかり、剣道を続けることができなくなってしまったのです。それは人生で初めての挫折でした。その頃は剣道をすることができず、さりとて勉強する気にもなれず、鬱々《うつうつ》とした毎日を送っていたことを思い出します。

高校3年生の夏にもなると、そろそろ最終的に進路を決めなければいけない時期になります。獣医を目指してはいたものの、受験勉強もしないので成績は下がる一方で、このままではとても大学の獣医学部には受かりそうもありませんでした。

父は、私に大工になることを押しつけるようなことはなく、「獣医になりたいならばそれでいい」と私の考えを尊重してくれていましたが、自堕落な私の様子を見るにつけ、徐々に怒ることが増えていきました。

母は同級生の親たちに感化されたのか、私が小学校4年生の頃からかなりの教育ママぶりを発揮していましたが、「とにかく大学に進学してくれ」「お前は、やればできる子だ」と、ずっと見守ってくれていました。

その後、わが家ではちょっとした事件が起きます。原因は、もちろん私でした。

12月のある寒い日でした。私は大学の願書を手に入れるために街に出かけていました。大学に進学することに何の意味も見出せませんでしたが、親を悲しませるのも忍びなく、とりあえずは大学受験をすることにしていたのです。しかし、心の中にはあることが引っかかっていました。

山手線の車内で、ふとある広告が目に留まりました。「服部栄養専門学校」の生徒募集の広告でした。

私はそれまで料理の世界に興味を持ったことはありませんでした。しかし、そのときは「大学進学よりも、早く手に職をつけなければいけない」という切羽詰まった事情もあり、広告を見て、衝動的に服部栄養専門学校のある代々木で途中下車して、入学願書を取りに行きました。結果的にこれが私にとって大きなターニングポイントとなります。

家に帰ると、仕事が休みだった父は居間で新聞を読み、母は夕飯の支度をしているところでした。私は父と母に今日こそは言わなければならないと心に決めていました。

当時、私にはつき合っている女の子がいました。気風《きっぷ》のいい、ちゃきちゃきの江戸っ子で、瞳のきれいな子でした。私の家にもよく遊びに来ていて、私の両親も公認の仲であり、まだ若かった私たちは、おぼろげながらも結婚を意識していました。

ある日、２人で王子の町を歩いていると、彼女はふと立ち止まり、そのきれいな瞳で真っすぐに私を見て、こう言いました。

「私、赤ちゃんができたかもしれない……」

その瞬間の私は、ひどく間抜けな顔をしていたのではないかと思います。あまりに不意をつかれた告白に何も言葉を出せないでいると、彼女はさらに続けました。

「でも私、本間君とは結婚できないんだ」

「ど、どうして急にそんなこと言うの？」

「高校を卒業したら、浜松に行かなきゃいけないの」

「は、浜松……どうして？」

「浜松に許嫁《いいなずけ》がいるの。おじいちゃんとおばあちゃんが決めたことだから……」

「許嫁？　今の時代にそんなことってあるの？」

おそらく、彼女の祖父には浜松に兄弟分がいたのでしょう。

実は彼女は浅草の的屋《てきや》を仕切る大親分の孫娘でした。祖父が亡くなったときの葬儀では浅草の東京本願寺（現在の東本願寺）は弔問に訪れる人々で立錐《りっすい》の余地もないほどだったといいます。

その後は何を話したのか、今となっては思い出せないほど、私の頭の中は混乱し、疑問符ばかりが浮かんでいました。

家に帰り、居間の父の斜め隣に座ると、父は大学の願書の話を始めました。私は、上の空で適当に答えていました。すると何かを察したのか、父は新聞の折り込み広告をつかむと、裏の白紙部分にペンでこう書いてきました。

「お前、大丈夫か？　何かあったのか？」

そこから父との〝筆談〟が始まりました。居間には、台所から聞こえてくる母の包丁の音だけが響いていました。

「実は相談がある」

「一体どうした？」

父は理解のある人でした。ここまでの経緯を説明すると、返って来た答えは次のようなものでした。

「わかった、逃げろ。とにかく2人で逃げろ。あとは俺に任せろ！」

私は、「逃げろって、どういうこと？　さっきまで大学の話をしていたのに……」と心の中でつぶやいていました。

父は筆談のやり取りを書いた広告紙を捨てずに、その辺りに放っておいたので、それを見つけた母にすべてがバレてしまい、すぐに家族会議が始まったのは言うまでもありません。

私としては、大学などに行ってはいられない、彼女と生まれてくる子供を養うために一日も早く手に職をつけなければという真剣な気持ちで、料理学校に行きたいと思ったのです。

しかし、残念ながら、その後、赤ちゃんは流れてしまい、彼女と駆け落ちするというドラマもなく、高校を卒業すると2人の恋は終わってしまいました。

結局、このことがきっかけとなり、私は大学進学をやめ、服部栄養専門学校に進学することにしました。父は「職人の世界は厳しいが、がんばれ」と言ってくれましたが、母は「なぜ、料理人のような水商売の世界に行きたいのか。何で料理人なんかになりたいのか」と嘆いていました。それでも、私の心はすでに決まっていました。

こうして4月から料理人の道を歩み始めることになったのです。人生の大きな方向転換でした。

## 料理の基礎を学んだ厳しくも楽しい板前の見習い時代

無事に専門学校を卒業した私は、学生時代からアルバイトをしていた会社にそのまま就職しましたが、2年目に入ったとき、そこで煮方を務めていた先輩から「独立するので、お前も来い」と誘われ、素直に応じることにしました。

新しい職場は少し風変わりで、4人の板前がそれぞれ出資して立ち上げた会社でした。私以外の全員が役員で、私が社員の第1号という状況でした。

ご存知のように、日本料理の世界では料理人のことを板前と呼びます。板とはまな板のことで、その前で料理をするので板前というのですが、厳密には階級があり、店によって呼び方や位置づけが変わってきます。

通常、トップの料理長が板前であり、板前と呼ばれるのは各店に1人だけです。板前は、「花板《はないた》」、もしくは「板長《いたちょう》」「本板《ほんいた》」とも呼ばれます。フレンチなどの西洋料理のシェフに当たります。その板前をサポートするのが「次板《つぎいた》」または「脇板《わきいた》」と呼ばれます。

2番手は、煮物を作る「煮方《にかた》」となります。煮方は、店の味つけを決める重要な役割を担っています。規模の大きな料亭などでは補佐役の「煮方脇」がいたり、お吸い物などの汁物を作る「椀方《わんかた》」がいる場合もあります。店によっては、煮方までを板前という位置づけにしている場合もあります。

さらにその下に、魚などの焼き物を担当する「焼方《やきかた》」、天ぷらなどの揚げ物を担当する「揚場《あげば》」、器の出し入れや作り置きの料理の仕込みをする「立洗い方」と、食材や器などの洗い物や魚や肉などの下処理をする「下洗い方」がいます。

一番下っ端が「追い回し」です。親方や先輩たちから「あれをしろ、これをしろ」と常に追い回されて命令されるので、こう呼ばれるようになったようです。板場の掃除や使い走りなど雑用全般をこなします。


料理人の世界は一般企業の役職や序列と似たような部分もあります。格式の高い老舗《しにせ》料亭などでは厳然とした序列があり、担当する仕事がきっちりと分けられています。しかし、中小・零細企業のように小さな店では序列はあいまいになり、受け持つ仕事は幅広くなるため、1人でいくつかの仕事と役割を兼務することも多くなります。

新人社員といっても、社員は私一人の小さな会社ですから、当然、私は見習いの一番下っ端からのスタートです。こうして、厳しい板前修業の日々が始まったのでした。

当時の私の給料は月７万円ほど。会社に住み込みで働き、３カ月休みなしということも当たり前。まさに使われ放題の毎日を送ることになります。それでもこの会社が魅力的だったのは、社長をはじめ役員たちに遊び心があり、いつでも何か新しいことをやっていこうという気概があったことでした。

ある日、会議という名の飲み会で社長がこんな提案を始めました。

「今まで料理人の世界では、飲む、打つ、買うが当たり前だった。しかし、そんなのはもう古い。これから俺たちは〝脱板前〟でいくぞ」

「じゃあ、何をする？」

「そうだな……シティ派でいこう。まずは、テニスから始めよう！」

「テニス!?」

社長の他愛のない思いつきから、私たちの〝シティ派板前計画〟がスタートしました。まず始めたのが、明治神宮外苑での早朝テニスでした。国立競技場や神宮球場の近くにあるテニスコートは予約制だったため、役員の奥様にクジ引きに行ってもらい、予約が取れた日は赤坂にあった寮から早朝テニスに出かけました。

もちろん、板前のユニホームである白い調理服に和帽子という出で立ちでテニスをするわけではありませんが、都心の真ん中で、お世辞にもテニスが似合うとは言えない4人の肌の白い料理人たちが早朝から楽しそうにラケットを振る光景を、私自身、不思議な思いで眺めることもありました。

我々の〝シティ派板前計画〟はさらに続きました。次に始めたのは、東京湾でのヨットのクルージングでした。

当時、千葉県浦安市の隣の行徳《ぎょうとく》という場所に社長の弟がヨットを所有しており、我々は時間を見つけては海に出かけて行ったのです。

私にとってヨットといえば、映画『太陽がいっぱい』のアラン・ドロンや、昭和の大スター・石原裕次郎さんや加山雄三さんのイメージで、確かにハイソでシティ派な世界でした。しかも、私たちが乗ることができたヨットは小さなディンギーではなく、キャビンもついた立派な帆船だったので、私はヨットに乗るたびに胸が躍ったものでした。

照りつける日差しと潮風を受けて、海面を豪快に進むヨットは爽快で、私にとっては厳しい修行の合間の贅沢な息抜きでした。

ただし1点、社長からは厳命が下されました。

「本間、肌は焼くなよ！　板前では肌が青白いのがエリートの証《あかし》だ。真っ黒に日焼けした板前なんて気持ち悪いだろ？」

確かに言われてみれば、こんがり日に焼けた黒い顔に笑うと白い歯がこぼれるような板前には会ったことがありません。日焼け後の皮がむけた腕で料理を作られても、お客様は気持ちのいいものではないでしょう。妙に納得した私は、頭からタオルをかぶり、長袖シャツを着込んだ奇妙なスタイルでヨットのデッキに立っていました。

今にして思えば笑い話ですが、テニスもヨットも私にとっては修業時代のいい思い出でした。

## 多くのことを学んだ老舗料亭での修業時代

板前修業を始めてから3年目のある日のこと、人生の転機がまた私にやってきました。

「本間、来週から濱田家《はまだや》さんに行ってくれ」

いきなりそんなことを言われて慌てていた私に社長が告げたのは、次のような事のいきさつでした。

築地市場には「茶屋」という買荷を保管しておいてくれる場所があります。簡単に説明すると、市場内の複数の仲卸から買った魚介などの品物（買荷）を一括で保管して、後からお店に配達してくれるという仕組みになっていて、これを「茶屋出し」といいます。

茶屋と契約をすることで、このシステムを使うことができます。重い荷物を持ちながら買い付けをしたり、自分で荷物を運ぶといった手間や労力を省くことができるので、とても便利な仕組みです。

大店《おおだな》や古くからの老舗の店などは決まった茶屋と契約をしています。私が勤める会社では、社長の祖父が魚屋を営んでいた頃からの茶屋を使っていたのですが、たまたま茶屋がいっしょだった関係で濱田家さんの若旦那と顔見知りだった社長が、「うちの若いやつを勉強させてもらえないだろうか」とお願いしたところ、快く引き受けていただいたというのです。

実は、後からわかったことですが、会社の売り上げが足りなかったために私は半ば出向のような形をとって修業という名目で外に出されたのでした。テニスやヨットに遊び呆けていたわけではなく、毎日忙しく働いていたのですが、会社の台所事情は少し厳しかったようでした。

もっとも、私を成長させたいという社長の親心ならぬ〝兄貴心〟も感じていたので、私には断る理由もなく、濱田家さんでお世話になることになったのです。

濱田家は創業が1912年、東京の日本橋人形町に店を構える料亭で、100年以上の歴史を誇る老舗の名店です。正式名称は「玄冶店《げんやだな》　濱田家」といいます。

玄冶店というのは、もともとはこの辺りの地名で、徳川家の御典医だった岡本玄冶（1587〜1645年）が、3代将軍・徳川家光の疱瘡（天然痘）を治した褒美に拝領した土地に借家を立てて江戸の町民に貸したことから、こう呼ばれるようになったようです。

1853年、江戸三座のひとつである中村座で初演された歌舞伎の世話物の名作『与話《よわ》情浮名横櫛《なさけうきなのよこぐし》』に、玄冶店を舞台にした一幕があります。江戸の大店の若旦那・与三郎と美しいお富の悲恋と運命流転の物語は大きな人気を博したといいます。

この物語をモチーフに作詞された『お富さん』は、昭和の名演歌歌手である春日八郎さんが１９５４年に歌い大ヒットしたので、ご存知の方もいらっしゃるでしょう。この曲の歌詞の冒頭に「粋な黒塀　見越しの松に」というフレーズが出てきますが、この黒塀が濱田家のことです。

老舗の名店ですから、修業に来るのはほとんどが大店の料亭や旅館の息子たちで、中学校を卒業したばかりの15～16歳の若者たちでした。長ければ５～６年、平均すると３年ほど修業をして、実家に帰れば若旦那という連中でした。

実家が飲食業ではなく、しかも20歳を過ぎていた私は、ある意味で異端児でした。それでも、これまで３年は勉強と実務経験をこなしてきたので、ある程度は料理ができるという自負がありました。

そこで、板前の先輩たちに「仕事をさせてください」と直訴をするのですが、「10年早いんだよ！」と言われるだけで取りあってもくれません。しかし、矛盾しているのですが、自分から言わないと先輩たちは何も仕事をさせてくれないのです。

肉体的にも厳しい仕事ですが、それは苦にはなりませんでした。一番つらかったのは、上下関係のしきたりでした。

相撲や落語と同じで料理の世界でも、たとえ年下であろうが1日でも先に修業に入ったほうが先輩の兄弟子です。当時22歳だった私は、中学校を卒業したての生意気な小僧になめた口を利かれるのは耐え難いこともありました。「その口の利き方はなんだ、表に出ろ！」と何度も言いかけ、殴ってやろうかとも思いましたが、その度にこぶしを握りしめ、ぐっと怒りをこらえたものでした。

そうした生意気な連中でしたが所詮はまだ子供ですから、テニスやヨットの話などをしてやると、食いつくように私に話を聞いてきました。おまけに彼らよりも仕事ができたこともあって、私は一目置かれるようになり、徐々に彼らといい関係を築いていくようになったのです。

毎日の仕事は大変でしたが、濱田家さんでの修業の日々は私にとって、替えの利かない貴重な経験でした。

老舗の名料亭では食材も器も調度品も高級なものしか使いませんから、目利きの修業になります。お客様も各界のレベルの高い、質のいい方が多いですから、まさに生きた教科書のようなもので、教養や所作、態度などを直に見て、触れることは人としての貴重な勉強になりました。

また、料理人にとっては上質のお客様との交流や引き立てを受けて、ごひいきにしていただくことは、その後の大きな財産になりますし、格式の高い料亭で修業したことは料理人としての箔《はく》にもなります。そうした経歴は学歴と同じように、その後の板前人生でもついて回ることにもなるのです。

## 青春ドラマのように過ぎていった修業時代の日々

濱田家での修業時代の日々は、私の青春の１ページと言えるものでした。

料理人の世界には、おもしろいしきたりのようなものがあります。自分の包丁を持たないと仕事をさせてもらえないのです。しかし、包丁は月給より高いので借金をして買うことになります。すると毎月、包丁屋が集金にやって来て、そのときに包丁の砥ぎ方なども教えてくれるのです。それは、とてもいい勉強になりました。

私たちは風呂と散髪はタダでした。

仕事から解放されるのは、大体24時くらい。その時間では銭湯が閉まってしまい、住み込みで働いていた私たちは風呂に入れないのです。そこで、銭湯のオヤジさんにお願いして、掃除をすることを条件に風呂の火を落とさないようにしてもらっていました。

仕事が終わったら急いで銭湯に駆けつけ、湯船に浸かって１日の疲れを癒します。頭と体を洗って汗と汚れを一気に落としたら、その後はせっせと風呂掃除を始めます。デッキブラシを掛けて床と浴槽をきれいに洗い終わる頃には、私たちはまた汗だくになっているのでした。

すぐ近所に名の知れた美容室があり、ここには美容技術を競う全国大会に出場するような腕のいい美容師がたくさん修業に来ていました。

彼らはパーマをかけたり、長い髪をおしゃれにカットすることは日常的に行なっているのですが、私たちのような坊主頭をハサミひとつできれいに仕上げるといった機会がなかなかないので、お金のない私たちは格好の練習台になるのでした。

料亭での仕事が終わって美容室に行くと、美容師たちが待っていてくれて一斉にカットが始まります。もちろん、髪は洗ってくれません。刈りたての頭をさすり、首元についた髪の毛を取りながら、夜道を帰ったのもいい思い出です。

板前の人たちは、当然みんな厳しかったのですが、仲居さんたちには可愛がってもらいました。

お座敷で余った日本酒などを取っておいてくれて、座布団などをしまっておく部屋にこっそり置いておいてくれるのです。「今日は2本あるよ、仕事が終わったら行っといで！」などとよく声をかけてもらったものでした。

そんな夜はウキウキしながら座布団部屋に行って、こっそりお酒を飲んで、ほろ酔い気分で布団に入るのでした。

また、当時は冷蔵庫に鍵がかかっていないような時代だったので、何か入っているかと勝手にドアを開けてみると、大根が10本ほど入っていたときがありました。これは、修業の身の私たちに「仕事が終わったら、桂むきの練習をしておけ」という若旦那からの心遣いでした。

そうした日は、夜中に起きて桂むきの練習をしなければいけません。眠い目をこすりながら、同僚たちと〝決め箱〟と呼ばれる箱を何段も積んで、誰が一番高いところから途中で切れずに大根の皮をむき続けることができるかを競い合ったものでした。

１９７０年代中盤、『前略おふくろ様』というテレビドラマが人気を博していました。料亭を舞台に、〝ショーケン〟の愛称で親しまれた萩原健一さん扮する若い板前と、彼を取り巻く人々との触れ合いを描いた物語でした。

私たちの日常は、まさにあの青春ドラマを地で行くような、笑いと涙とケンカと修業の日々だったのです。

## 徒弟制度の厳しい修行はムダなことではない

徒弟制度については、今では賛否両論あるようです。徒弟制度の中で修行していた時分、私は「こんなものはなくてもいいのではないか」と思っていました。しかし、今になってみると厳しい環境に飛び込んで、そこに身を置くことは必要なことだったと思っています。

その理由は大きく２つあります。

ひとつは、耐える力がつくことです。

たとえば、アスリートの世界でも耐える力は大切です。もちろん、根性論だけでスポーツをするのは時代遅れで、現在ではどのジャンルのスポーツでも科学的な根拠に基づいたトレーニングは欠かせないものになっています。しかし同時に、最新のスポーツ科学の分野ではメンタルの重要性も指摘されており、多くのアスリートがメンタルトレーニングを取り入れているという事実もあります。

厳しいトレーニングで培った技術と精神力は、それぞれのアスリートにとっての重要な基礎、土台となるでしょう。そして、肉体の限界を超えた本当に苦しい局面や、絶体絶命の逆境の中で最後に自分を支えるのは精神力しかないということも、多くのアスリートたちが証言しているところです。

努力をして身につけた技術と精神力は、決して自分を裏切りません。職人の世界も、また然《しか》りです。

もうひとつは、徒弟制度の厳しい修行の根本にはルールがあることです。

誰もが交通ルールを守らなければ、道路上では事故が多発して大変なことになってしまうように、料理の世界にも厳格なルールが存在します。ルールを逸れてしまっては、料理の道を正しく進んでいくことはできません。

ルールに縛られることに反発するのも若さの特権という部分もあるでしょう。しかし、ルールを無視して、もしくはルールを知らずに仕事をしていれば大きな問題が起きかねません。師匠から弟子へ、また先輩から後輩へと受け継がれてきたルールを教えられ、頭と体の両方に叩き込んでいくことも修業での大切な意義だと思うのです。

２５００年以上前、カピラヴァストゥ（現在のネパールの一地方）に生まれたと言われる釈迦《しやか》（ゴータマ・シッダールタ）は、若い頃に出家し、厳しい荒行の末に悟りを開いたと言われています。

後年、弟子たちには「悟りを開くためには、あれほどの荒行は必要なかった」と語ったと言われていますが、それは経験したからこそ言えることであって、あのお釈迦さんでも若い頃には修業が必要だったのだと思います。

厳しい徒弟制度の中で修業をした経験は、私にとっては自分を見つめ直し、自分を支えている土台、基礎を作るために必要な経験だったと感じています。

私が板前時代やラーメン店を多店舗展開していた頃に、私の下について修業やアルバイトをしていた人々は現在では50歳前後になっています。今、彼らから「あの頃、厳しく教えてもらったことが、その後の人生に役立っている」と言われると、あらためて自分が行なっていたことは間違いではなかったと思えると同時に、徒弟制度の必要性を感じるのです。

## 修業を終えて板前を任された六本木の天ぷら店の思い出

濱田家での修業を終えて、私は板前集団の会社に戻ることになりました。１９８０年のことです。

１９７３年に起きた第１次オイルショックが引き金となり、日本経済は戦後初めてマイナス成長に転落。これをもって高度経済成長期は終わりを告げ、安定成長期に入ったと言われていました。

その後の日本は、１９８０年に起きた第２次オイルショックを経て、１９８６年頃からはバブル景気の時代に突入していきます。

そうした時代の空気を感じつつも、私には浮かれて遊んでいる余裕などなく、ただがむしゃらに仕事に打ち込む毎日を送っていました。

ある日のこと、社長が会社に戻って来るなり「六本木で決めてきたぞ！」と言いました。何事かと思っていると、六本木のとあるビルにテナントを決めてきたので、そこに新しい店を出すと言うのです。

コンセプトは、その頃の六本木にはなかった業態の飲食店。会議で決定したのは江戸前の天ぷら店「天ぷら魚新《うおしん》」で、私が働くことになったのです。いよいよ私に、板前として腕を振るうチャンスがやって来たのでした。

当時の六本木は、私にとっては居心地がよく、魅力的な街でした。

六本木の交差点から外苑東通りを飯倉片町に向かっていくと、右側にロアビルという多くの飲食店が入るビルがあります。その斜め向かい側には当時ハンバーガーショップがあり、店の前にはハーレーダビッドソンにまたがった大人の暴走族のような、やんちゃな集団がよく集まっていました。彼らがハーレー特有の重低音を響かせて通りを走っていく姿は壮観なものでした。

多くの外国人が通りを行き交い、夜になると芸能人や業界関係者も出没し、ボディコンに身を包んだ女たちはディスコに吸い込まれていきました。そうかと思うと昼間の六本木では、麻布十番の商店街のほうから坂を上がってきたエプロン姿のおばあちゃんが腰を曲げながら歩いているという光景もよく見かけたものでした。

最先端の流行と欧米のカルチャー、それに昭和の日本の風情が絶妙なバランスで溶け合っていた当時の六本木には、その後に訪れるバブル期前夜のエネルギーが人にも街にも満ちあふれていました。


魚新はカウンター10席ほどの小さな店舗でしたが、お客様の目の前で天ぷらを揚げて、その揚げたてをサクサクの熱々でお出しするというスタイルで、気の利いた和食の一品料理もご提供していました。

おかげさまでオープンからお客様の入りは上々で、それほど時間をかけずに繁盛店になっていきました。場所柄もあったと思いますが、政界や財界、スポーツ界や芸能界など、さまざまな世界の方々にも常連客になっていただき、随分とごひいきにしていただいたものでした。

しかし、現実は私が勝手にイメージしていた板前の世界とは違っていました。確かに、丁《でっ》稚奉公《ちぼうこう》の修業時代は厳しく大変な毎日でしたが、責任は小さく気楽なものでした。ところが、板前として店を取り仕切る立場になると、たとえオーナーではなく雇われの身といえども責任の重さがまるで違います。ただ料理に腕を振るい、お客様と会話をしていればいいというわけではないのです。

調子のいいときほど、気を引き締めなければいけないといわれます。私は店の好調をどうすれば維持していくことができるのかに悩むと同時に、人気がなくなり売上げが落ちてしまうことへの恐怖に怯《おび》えることもありました。

飲食業は流行り廃りのサイクルが激しい業態です。私は店の運営、経営を含め、飲食の世界で商売をしていくことの難しさを知ったのでした。

また、忙しくなればなるほど仕事の量は比例して増えていきます。私は、開店からまったく休みが取れない日々が続いていきました。

その後、４年も多忙な毎日を続けていた私の心と体には、自分でも気づかないうちに疲労が澱《おり》のように蓄積されていたようでした。あまりにもプライベートの時間が取れないことに疲れ始め、私の心は余裕を失っていたのです。

板前には、料理の技術はもちろん、味のセンスと盛り付けなどの美的センスも必要です。料理と器の色を合わせて盛り付けていくので、料理人も芸術家だと言ってもいいでしょう。濱田家での修業時代、仕事が終わると部屋で油絵を描いていた兄弟子もいたほどでした。

しかし私は、自分には板前としてのセンスが足りないと感じるようになっていました。料理人として限界を感じていたという部分もあったのかもしれません。また、足かけ10年の板前生活の中で、何か新しい世界や刺激を求めていたのもあったでしょう。今だから言えることですが、当時の私はこうしたさまざまなプレッシャーから逃げたかったのかもしれません。

そんなとき、声をかけていただいたのが当時の常連客の一人だった作曲家のすぎやまこういちさんでした。

## 味を作って人を楽しませることを一生の仕事と決めた日

すぎやまこういちさんは、フジテレビのディレクターなどで辣腕《らつわん》を振るった後、1960年代後半から作曲家に転身。沢田研二さんがボーカルを務めグループサウンズ（GS）

で一世を風靡《ふうび》したザ・タイガースや双子のデュオとして昭和歌謡界で大人気だったザ・ピーナッツなどの作曲を担当し、黄金時代を築いた人でした。

ザ・タイガースの『花の首飾り』や『君だけに愛を』、ザ・ピーナッツの『恋のフーガ』、ヴィレッジ・シンガーズの『亜麻色の髪の乙女』、ガロの『学生街の喫茶店』などのヒット曲は、すぎやまさんの作品でした。

１９７０年代には特撮映画やアニメの音楽を手がけるようになり、『帰ってきたウルトラマン』や『科学忍者隊ガッチャマンⅡ』の主題歌や『ゴジラ』『サイボーグ００９』などの曲も作曲。さらに１９８０年代に入るとゲーム音楽に活動の場を広げ、『ドラゴンクエストシリーズ』のほぼすべての曲を生み出していました。

その他にも２０００曲以上のＣＭソングを手がけていますから、日本人の誰もがどこかで一度はすぎやまさんの曲を聴いたことがあるのではないかと思います。

ある日、お店にいらっしゃったすぎやまさんから、「本間君、次の休みの日にメシでも食べに行こうか」と誘っていただきました。私が「３カ月は休みなしですよ」と言うと、「いいよ、待ってるよ」とおっしゃいます。私はその言葉に甘えて３カ月後、六本木から麻布十番に下る鳥居坂の途中にある国際文化会館の中のレストランで食事をごちそうしていただいたのです。

食事をご一緒していると、すぎやまさんが何気なくおっしゃいました。

「本間君の仕事は良い仕事だなぁ。味を作って人を楽しませているよね。味楽家《みがくか》っていうんだよ、それ」

「味楽家ですか……」

「僕はね、音を作って人を楽しませているから音楽家って呼ばれている。同じもの作りだけど、本間君と僕の決定的な違いは……僕の曲は、僕が死んでも残るんだよね。ピカソの絵もそうだ、今も残ってるよね。でも本間君の仕事は、食べたお客さんの心と記憶にしか残らない。どうやら、君の方が上だな」

おそらく、すぎやまさんは私が仕事を辞めたがっていたことを感じ取っていたのでしょう。それで私を食事に誘ってくださったのだと思います。

私はファッションが好きでしたから、板前をやめてファッションモデルにでも転身しようか、などと考えていました。もちろん、それは冗談半分ですが、板前以外に一体自分には何ができるだろうかと考えていたのは事実でした。

しかし、すぎやまさんからかけていただいた言葉のおかげで、やはり私は飲食業の世界で成功したいと強く考えるようになりました。それが板前の世界ではないにしても、本当に美味しいものを作ってお客様によろこんでいただくことが自分の進むべき道なのだと、この日から考えるようになったのです。

それから1年後、結局、私は板前の道を離れて新たな道に進んでいくことになるのですが、すぎやまさんの言葉がなければ、食には関わらず、まったく違う道に迷いこんでいたかもしれません。

私が食の世界から離れず、今もスープの製造会社を経営している理由は、あの日すぎやまさんからいただいた「味楽家」という言葉を忘れずに胸に持ち続けていたからだと思っています。

第3章

# 一杯のラーメンが私の人生を変えた！

## 外資系レストランチェーンのスーパーバイザーに転身

さまざまな産業の中でも、飲食業は入れ替わりの激しい業種です。何十年、あるいは百年以上も続く老舗の店もあれば、1年ともたずに閉店してしまう店もあります。そうした新陳代謝を繰り返しながら、街もまた変わり続けていくものです。

私が店長をしていた「天ぷら魚新」の店の向かいにも、店舗の改装工事を終えた新しい飲食店がオープンしました。ライバル店であれば当然、気になって偵察にでも行くのですが、それは何やらアメリカンスタイルの店のようで、看板には大きく真っ赤なザリガニかエビのような絵が描いてありました。そのため、私は最初の頃はあまり気にも留めていませんでした。

ある日のこと、ふと向かいの店を見ると、店舗の裏手で数人のコックが休憩している姿が見えました。彼らは白人で、見たことのない不思議な制服を着ています。楽しげに笑いながら大きなカップでコーラを飲んでいました。この店が日本に初めて上陸したレッドロブスターの1号店であることを知ったのは、数日後のことでした。1982年のことです。

それから3年の月日が経ち、修業時代も含め板前生活は足かけ10年目に突入し、私は28歳になっていました。ちょうど長女が生まれた頃でしたが相変わらず店は忙しく、子供とはろくに触れあう時間もありませんでした。親であれば、誰でも我が子はかわいいものです。もっと一緒にいたいと思うのも当然でしょう。しかし、家族との時間を持てないことも私の悩みのひとつでした。

数カ月後、ようやく取れた休日に、私は妻と子供を連れてレッドロブスターに行ってみることにしました。以前はそれほど興味がなかったのですが、どうやら大変繁盛しているようで、店の外から見ていても活気が伝わってくるので、どんな店なのか気になっていたからです。

店内は外国人や若者であふれ、笑顔の白人ウエイターがフレンドリーに英語で話しかけてきました。ものは試しにロブスターを注文してみると、調理前のロブスターを生きたままテーブルに持ってきて、私たちに見せてくれます。

調理後、ウエイターは丁寧な対応で、しかも英語で食べ方を説明してくれます。今までこうした店には行ったことがなかったので、私はとても衝撃を受けたのと同時に好印象を持ちました。

帰りがけ、店内に張られていた求人募集を見てみると、「勤務時間は8時間、ボーナス有り」と書いてあります。自分の時間はもちろん、家族とともにいられる時間が欲しいと思っていた私は、半ば衝動的に面接を受けてみることにしたのです。

レッドロブスターは、1968年にアメリカのフロリダ州レイクランドで創業したシーフードレストランチェーンで、1982年に当時のジャスコ（現イオングループ）との業務提携をきっかけに日本へ初上陸していました。その1号店が六本木店でした。

私が面接を受けた1985年は、日本のレッドロブスターがちょうど多店舗展開を開始した時期でした。私は料理人の経験が見込まれたのか、トントン拍子に面接をクリアし、すぐに採用されることになりました。

板前集団の会社には、足かけ10年もお世話になり、社長には仲人にもなっていただいたのですから、もちろん悩みました。

厳しい修業を終え、板前としての経験を積み、独り立ちをして自分の店を持ってもいいというお墨付きももらっていたので、当然、辞めるのは勇気のいることでした。ひいきにしていただいていたお客様からは、「ここで板前をやめるのは、もったいない」「チェーン店では、ろくに料理も作らないだろう。そんな店で働いても満足できないのではないか」

とも言われました。

しかし、私は「これは、人生を変えるチャンスかもしれない」と考え、転職することに決めたのです。

## 入社早々、店長に抜擢されマネジメントの難しさを知る

3カ月の研修の後、私が配属されたのは東京・練馬の関町店でした。しかも、出された辞令は、いきなりの店長です。

実は、研修を受けていた店舗から一番近くにあった店舗で事件が起きていました。店長がある日突然、店に来なくなってしまったというのです。他に店長候補の人材がおらず、小さいながらも店を切り盛りしてきた経験のある私に白羽の矢が立ったということでした。まったく、メチャクチャな話ですが、私はこれをチャンスと捉え、とにかく体当たりで店長をやってみることにしたのです。

しかし、当時は英語を話すこともできず、店舗運営の仕組みもわからなかったので2年ほどは苦労の連続でした。なにせ、アメリカ発の外資系レストランと日本の江戸前天ぷら

店では勝手も規模も違い、経営理念も接客スタイルもまったく違うのです。

天ぷら店のスタッフは5名でしたが、レッドロブスターの場合は小さめの店舗でもアルバイトスタッフだけで80名以上が在籍していました。しかも、早朝担当と深夜担当でアルバイトは分かれていたので、全員の顔を覚えるのも大変な作業です。そのため、全員と触れあって顔を覚えるまで、私は早朝から深夜まですべての時間帯に出勤することにしました。


同時に、アルバイトスタッフ全員の経験年数や時給、スキル、性格などを把握するために面談を重ね、キッチンとホールでそれぞれ分けてスタッフの棚卸しをすることにしました。その中でまず思いついたのが、剣道部時代に使っていた名札掛けでした。

柔道でも空手でも、道場には師範代から初心者まで全員の名札が掛けてあるのを見たことがある方もいらっしゃると思います。レストランにはキッチンスタッフが作った料理をホールのスタッフに渡すアレーという場所がありますが、ここにスタッフ一人一人の名前を書いた名札掛けを設置したのです。

名札の裏側を赤色にしておいて、出勤したらひっくり返して、退出時はまた赤い裏面にひっくり返しておきます。こうすれば、誰がいつ出勤しているかが一目瞭然です。規模の大きな店になってくると、こうしたシステムを作っておくことで、「これだけスタッフがいれば、今日は店を回せる」「スタッフが足りないからヘルプを頼もう」というように店の状況をきちんと把握することができるのです。

そのうえで、時間帯におけるスタッフの均一性やベテランスタッフと初心者のバランスを整えていけば、現場のリーダーもスタッフを把握しやすく、指示も出しやすくなるというわけです。

今の時代なら、スマートフォンのアプリで一括管理ができるでしょう。名札掛けはシステムというほど大そうなものではなく、アナログで原始的な方法でしたが、当時はアルバイトスタッフたちにもわかりやすいと好評でした。出勤したら自分の手で名札を裏返すという単純な作業ですが、彼らにとっては、これから仕事に入るという意識のスイッチの切り替えにもなっていたようです。

当時の私はマネジメントという考え方どころか言葉も知らなかったのですが、子供時代にまったく違うジャンルで得た経験がマニュアルにはないものを作るという形で生かされた好例だったと言えるかもしれません。

## レッドロブスターで学んだマニュアルや経営理念の重要性

一方で、私はマニュアルの重要性もレッドロブスターで学ぶことができました。たとえば、日本料理の板前の世界では先輩は何も教えてくれません。ですから、新人はわからなくて、できなくて当然です。それなのに、ただ「やれ！」「見て覚えろ！」と言われて、何もわからないまま、とにかく見よう見まねでやって、失敗して、できなくて怒られて、殴られるわけです。非常に理不尽な世界です。

板前修業は、そうしたところから始めて、先輩たちから技術を盗んで、覚えて、やってみて、また失敗して……という繰り返しの中から徐々に技術を身につけていきます。できるようになったら、さらに自分の技術を磨いて一人前になっていく。それが板前の世界です。理屈や理論ではないのです。

ところが、レッドロブスターではマニュアルがあり、「なぜ、こうしなければいけないのか」の、「なぜ」の部分までしっかり用意されているのです。私は、料理も接客も科学的、論理的な部分が多分にある世界だと考えていたので、世界的な大手レストランチェーンの経営手法の先進性と合理性に驚き、感動すら覚えたものでした。

また、レッドロブスターにはしっかりとした経営理念と哲学がありました。「G・E・I」と「Q・V・S」と呼ばれるものです。

「G・E・I」は、「Guest（ゲスト）」「Employee（エンプロイー）」「Investor（インベスター）」のそれぞれの頭文字を表しています。

Gは「Guest is First」で、お客様が第一であり、お客様にとってもっとも良いことは何なのかを考えることが大切だ、ということです。

Eは「Second is Employee」で、2番目に優先されるのは従業員です。お客様と直に接する従業員を大切にして、教育をし続けていくことが重要だということです。

Iは「Third is Investor」で、3番目に大切なのが出資者や株主だと位置づけているのです。

会社が継続していくには利益を生み出し続けなければいけません。そのためにはまず、お客様を大切にして、よろこんでいただきファンになってもらうこと。そして、従業員を大切にして育てていくこと。その結果として生まれた利益を株主に還元していくことが重要だということです。

「Q・V・S」は、「Quality（クオリティ）」「Value（バリュー）」、「Service（サービス）」です。この3つが仕事における最重要事項であり、「G・E・I」の考え方をさらに具現化したものだとされています。

「Quality」は、レストランにとって大切な料理、店舗、従業員など総合的な品質＝クオリティです。

「Value」は、お客様にファンになっていただき、何度も店に通っていただくために必要な価値＝バリューです。

そして「Service」は、お客様に快適に過ごしていただくために大切な、おもてなし＝サービスです。

私は、常連のお客様の顔と名前を覚えて、メニューにはない注文にも柔軟に対応するといった板前時代に実践していた接客サービスを独自に取り入れていきました。

レッドロブスター・アメリカ本社の総合受付で記念撮影

レッドロブスター・アメリカ本社での研修に参加

また、店舗運営や人材マネジメントのマニュアルと経営理念をまず自分に叩き込み、スタッフたちに対して実践していきました。年齢が上でも下でも、私とは年の離れたスタッフたちにも、まずはレッドロブスターの理念と私の考えを理解してもらい、その上で、彼らが求めていることを具現化していくためには何が必要なのかを考えたのです。

いくら優秀な店舗運営や人材のマニュアルがあっても、結局それを使うのは人間であり、どう使って、どのように生かしていくかは、それが店舗の場合であればトップである店長の責任です。

当時の私は、上手にスタッフたちをマネジメントできていたのか、何が正しいマネジメント手法なのか、よくわかっていませんでした。しかし、今になって振り返ってみれば、レッドロブスターのマニュアルや経営理念を自分なりに理解・応用して、現場で生かしていくことで、なんとか現場を切り盛りできていたのではないかと思っています。

## 店舗運営と人材マネジメントで実践した5つのこと

店長時代に、店舗運営と人材マネジメントに関して私が実践したことは、主に次の５つです。

まず1つめは、あるべき店の姿や理想とする形を自分の中で描き、その絵をスタッフたちに伝えて、わかってもらうことです。

まず、相手を理解しようとする人の方が多いかもしれませんが、私の場合は自分を相手に理解してもらうことを優先しました。それは単に自分の人となりを理解してもらうのではなく、自分の頭の中にあること、自分が思い描いていることをきちんとビジョンとして〝見える化〟して伝えることで、相手にわかってもらうということです。

次に2つめは、〝管理〟ではなく〝確認〟するという人材マネジメント法です。

前述したように、私は早番と遅番すべてのスタッフの顔を覚え、全員と面談を重ねていきました。そこでは仕事の進捗などの管理だけでなく、彼らが実際に困っていることや悩んでいることを聞いて確認し、理解していきました。

すると、業務の何につまずいているのか、どこまでわかっていて、どこがわからないのか、何ができないのかなどがわかってきます。

愛想のいい元気なスタッフだからといって業務内容を理解しているとは限りません。同時に、おとなしくて何を考えているのかわかりにくいスタッフだからといって仕事に順応していないわけではありません。やはり、コミュニケーションを取りながら相手の本質を見て、理解することが大切なことなのです。

そして3つめが、スタッフの自主性の尊重です。

もちろん、彼らが好き勝手に動いていいわけではありません。そこで行なったのがアルバイトスタッフとのミーティングでした。ミーティングでは私が仕切るのではなく、スタッフの中にリーダーを作り、彼らにミーティングを企画させて、仕切らせるようにしていきました。

すると、そのうち彼らの中で自主性が育ち始め、常に自ら考え、動いていくことができるようになっていきました。また、相乗効果として、ベテランのスタッフが新人を教え、そのスタッフが成長して次に新人に教えていくという現場の教育の仕組みができていったのです。

さらに4つめとして、チームワークの醸成です。

私は常に、スタッフたちには「お客様へのサービスは、店長への協力だ」と言ってきました。会社は確信を持って経営方針や目標を打ち出しているはずですから、それはそのまま店長の方針や目的になります。店長はその方針・目標を達成するために、店の目標として掲げ、スタッフたちに落とし込んでいきます。

スタッフたちは、たとえ個人的には納得がいかないことがあったとしても、店長の方針に従って会社の目標達成のために努力することで成果を出すことができれば、結果は報酬などの形となって自分に還ってきます。

つまり、経営陣から店長、スタッフまでが一枚岩となってチームワークを発揮することが、お客様へのサービスにつながるのです。これは飲食業界だけでなく、どの業界でも共通することではないでしょうか。

最後の5つめは、清掃と笑顔です。

これはどちらも基本中の基本ですが、案外できていない、スタッフに徹底されていないお店が多いものです。店内が汚れていて、あいさつもしない不機嫌な店員のいるお店に行きたい人などいるでしょうか。店内もトイレも清潔で、店員の笑顔が気持ちのいい店には、自然とお客様が集まってきます。これには説明など不要でしょう。

私は特別マネジメント能力に優れていたわけでも、独自の手法を使ったわけでもありませんでした。ただ、まず自分のことをスタッフたちに理解してもらい、彼らのことを理解し、自発性を促し、そして会社とスタッフの両方の思いを形にしていくことをしただけでした。

今では、ビジネスの現場でこうしたファシリテーションやコーチングの重要性が指摘されています。私は自分では意識しないうちに、こうした役割を果たしていたのかもしれませんが、その結果、スタッフたちは納得し、自ら進んで動き出し、店の運営はスムーズに進んでいったのです。

## 私の人生を変えた一杯のラーメンとの出会い

自分の目の前には、いつも何本かの道があります。人生は常に選択の連続であり、その選択の結果、振り返って見たときに今の自分につながる道ができている。それを人生と言うのかもしれません。

順調に進んでいるかに見えた私の人生には、また大きな変化のときが近づいているようでした。

自由になる時間と家族と過ごす時間の両方が欲しくて板前の世界から飛び出した私でしたが、結局、レッドロブスターではさらに多忙を極めることになってしまいました。

娘の幼稚園や小学校の行事には出席することができず、子育てもまったくすることができませんでした。しかし、寝る間も惜しんで精一杯、仕事に打ち込んだおかげで自然に評価は上がっていき、その後、店長を任された埼玉県の西川口店では、１２４席の小さな店舗にもかかわらず売上優良店ということでアメリカ本社から社長が視察に来るほどでした。

そうした結果が認められて、気がつけば私は31歳で13店舗を統括するスーパーバイザーに昇格していました。年収は当時の外食・レストラン業界ではトップクラスだったと思います。周囲からは、このまま部長、統括本部長と出世していき、取締役を目指すというエリート街道を走っているように見えたかもしれません。

もちろん、仕事のやりがいは感じていました。お金のためだけに仕事をしていたわけでもありませんでした。しかし、家庭を犠牲にして、これだけ身を粉にして働いて得られるお金やポジションが自分にとって本当に価値のあるものなのかどうか、わからなくなっていました。

レッドロブスターでは、上司にも恵まれていました。その一人が金柿謙治さんです。当時、日本のレッドロブスターの社長として親会社のジャスコから派遣され、後に九州ジャスコの社長まで務めた方です。

彼はよく、「ジャスコの旗を全国津々浦々にたなびかせたい」と言っていました。その光景を想像すると、それはとても魅力的な夢に感じられました。しかし、その夢は私が目指す夢ではないとも感じていました。

料理人としては中途半端で、日本料理の板前から大手外資系レストランチェーンのスーパーバイザーになった私でしたが、それでもいつも心には、すぎやまこういちさんからいただいた言葉がありました。それに職人の血といえば格好つけ過ぎかもしれませんが、やはり「旨いものを作って人をよろこばせたい」という思いが心の奥にあったのも事実です。

この頃から、私は自分の中で何かが疼《うず》き始めているのを感じていました。

ある日のこと、東京・西麻布の交差点を六本木方面に歩いていたところ、行列のできているラーメン店がありました。一旦は、そのまま通り過ぎたのですが、なぜか気になってしまい、私は引き返して行列に並んでみたのです。看板には「博多らぁめん専門店　赤のれん」と書いてありました。

どのくらいの時間を待ったでしょうか。ようやく店内に入ると、そこは熱気と活気にあふれ、豚骨の豊かな匂いが充満していました。カウンターに座り、イキのいい店員に注文して待つこと5分、目の前に運ばれてきたのはシンプルでありながら、完成度の高さを感じさせる風格を持った、しょうゆベースの豚骨ラーメンでした。

見た目の次には、湯気とともに立ち昇るミルクのような甘い香りを鼻腔で確認し、おもむろに一口スープを口に含みました。そして、二口、三口と飲み進めていくたびに、私は驚きました。ただ美味しいだけでなく、旨味と香味が複雑に重なり合った深い味わいなのです。

スープは3層に分かれていました。一番上の層が脂をまとった上質なコラーゲン、その下が肉片の層、そして一番下の層には、まったく臭みのない飲み口のスッキリした上等な甘みのあるスープが隠れていました。

私も料理人の端くれとして、それまでも多くの旨い料理を味わってきましたし、当然味にはうるさい人間です。しかし、これほどのラーメンは食べたことがありませんでした。これで1杯が600円。正直なところ、感動すら覚えたのです。

「これは一体、どうやって作っているのか……」

大きな衝撃と探究心。私の料理人としての血が騒ぎ出しました。

## 博多ラーメンは「赤のれん」から始まった

「赤のれん」というお店の源流は、1946年に福岡・博多の中州《なかす》で創業者の津田茂さんが始めた屋台にあります。

第二次世界大戦を生き延び、満州から博多に引き揚げてきた津田さんは当初は大工をしていたものの、食べるのにも困る日々を送っていました。そんなとき、知り合いから屋台経営を勧められ、自分で作った屋台を引いて、うどんを売り始めたそうです。

しかし、うどんの屋台のライバルは多かったために、他の屋台との差別化のヒントにしたのが満州の奉天《ほうてん》（現在の瀋陽《しんよう》市）で食べた「十銭そば」でした。

十銭そばとは、アイヌ料理の「ソッポ」という豚骨スープのレシピを大陸に持ち帰った中国人が、その中に中華麺を入れて食べ始めたもので、当時の奉天では人気の料理だったといいます。

ある日、肉屋の店先に放ってあった不用の豚骨を見た津田さんは、これを買い取って独自に研究を始めます。味の記憶を辿りながら、試作を重ねた末に作り上げたのが白濁、濃厚の豚骨スープで、これに妻のトミエさんの故郷・小豆島のしょうゆを使ったタレと、コシの強い手作りの平麺を合わせた、しょうゆ仕立ての豚骨ラーメンが博多ラーメンの元祖になったということです。

１杯50円の豚骨ラーメンは人気を呼び、その後の１９５３年に津田さんは福岡市箱崎にラーメン店を開業。「赤のれん」と名づけ、伝説の博多ラーメン店に育て上げたのです。

時代は下り１９７０年代後半、豚骨ラーメンに自分の未来を託した一人の男が九州の有名店のラーメンを食べ歩いていました。西麻布「赤のれん」の初代店主・赤坂英晃さんです。

この頃の東京ではラーメンといえば、しょうゆ味か、当時流行していた札幌系のみそ味が主流でした。バンドマンだった赤坂さんは音楽で身を立てる夢をあきらめ、ラーメン店の開業を志し、新たなラーメンを求めて鹿児島から久留米、そして博多と旅を続けていました。

そんな赤坂さんは箱崎で運命の出会いをします。それが「赤のれん」の豚骨ラーメンでした。その味に惚れ込んだ赤坂さんは津田さんに弟子入りを志願しましたが、当然のように断られます。

それでも、あきらめきれない赤坂さんは1週間毎日通い続け、弟子入りを懇願したそうです。津田さんは態度の悪い客とはしばしば喧嘩し、スープの出来が気に入らなければ捨ててしまうような昔気質の職人でしたが、ついに根負けしたのか赤坂さんを受け入れ、それまで家族にしか教えていなかった門外不出のスープのレシピを伝授します。

住み込みで修行を重ねた後、赤坂さんは1978年にのれん分けを許され、開店したのが東京初の豚骨ラーメン店である西麻布「赤のれん」でした。

本場の博多の味を知っている人は、「東京でも同じ味のラーメンが食べられる」とよろこび、初めて口にした人は、今までなかった豚骨ラーメンの虜になりました。

1980年代後半から東京では豚骨ラーメンの人気に火がつき、その波は関東一円にも及んでいきますが、そうしたブームの元祖が西麻布「赤のれん」の博多ラーメンだったのです。

## スーパーバイザーの職を捨てラーメン修業の道に進む

私は、居ても立ってもいられなくなっていました。複雑に絡み合う深い旨味と上品な甘みの豚骨スープが頭から離れなく、どうしても作り方を知りたくなったのです。

そこで翌日、私は強引に押しかけて弟子入りを志願しました。しかし、求人募集はしていないし、私の経歴書を見た赤坂さんは不審に思ったのか、「うちの味を盗みに来たのか？」と言われて、あっさり断られてしまったのです。

それでも、あきらめられない私は、次の日もお店に押しかけましたが、またしても断られてしまいました。

１カ月後、私は覚悟を決めてお店を訪問し、赤坂さんに三度目のお願いをしました。すると、私の熱意が通じたのか、ちょうど人手が足りなかったのか、「洗い場ならやらせてやる」と言ってくれたのです。１９９２年12月、35歳のときでした。

年収８００万円のスーパーバイザーの職を辞し、時給８００円からの再出発でした。レッドロブスターの上司や同僚からは、「あまりにも無謀な選択だ、考え直せ」と引き止められました。確かに、普通で考えればその通りだったかもしれません。しかし、もはや私は後戻りできませんでした。

当初、妻には告白することができず、私はスーツを着て家を出て、店で着替えて厨房に立つという生活を半年間も続けることになってしまいました。

半年が過ぎた頃、怒られるのを覚悟で妻に告白すると、「やっと言ってくれたね」と言って、妻は優しく微笑んでくれました。「あなたは、いつも自分ですべてを決めてしまう。でも、こうして相談してくれたことがうれしい」と言ってくれたのでした。

私は自分の身勝手を反省すると同時に、自分がどれだけ支えられていたのかを実感し、妻に感謝しました。

「なぜ、そんな選択をしたのか」とよく訊かれるのですが、正直なところ、明確に答えることはできません。若気の至りと言われればそうかもしれないし、当時の私には見えない何かに突き動かされたとしか言いようがない気がしていました。

ただ、今になって思えば、「赤のれん」のスープの衝撃的な美味しさに一目惚れしてしまったことで私の中の料理人の血に火がついたこと、そして、このままでは終われない、料理の世界で自分はまだまだ高みを目指せるはずだという根拠のない自信と意地のようなものがあったように思います。

赤坂の親父さんが、博多の元祖「赤のれん」で修業した経緯は後から知ったのですが、結局、私も同じようなことをしていたことになります。そこには、見えない糸でつながった男たちの〝本物の味の追求〟という思いと、魂の系譜が脈々と受け継がれているようにも感じるのです。

## 「赤のれん」での修行の後、多店舗展開を目指す

ラーメン修業は洗い場からのスタートでしたが、焦りはありませんでした。丁稚奉公から始めて、厳しい徒弟制度の中で続けた10年の板前経験と、レッドロブスターという大手外資系レストランチェーンで店舗の運営やオペレーションを完璧にこなしてきたという自

信があったからです。

私はすぐに、洗い場から調理場の盛り付け担当に昇格しました。しかし、現実は想像を超えていました。ラーメンの調理のスピードについていけなかったのです。

当時の「赤のれん」は、12坪の店舗で月商1000万円以上を売り上げる超人気店でした。ランチタイムともなれば回転率は凄まじく、毎日250人以上のお客様が入れ代わり立ち代わり怒涛のようにいらっしゃいます。熱気と活気、そして威勢のいい店員の掛け声が充満した店内は、ひたすらラーメンを作り続ける男たちと人気のラーメンを食べに訪れるお客様たちの真剣勝負のような場でした。

麺は20秒で茹《ゆ》で上がるので、私にはどんぶりに具材を黙々と盛り付けている自分の手元しか見ている余裕はなく、しかもそうした状態が数時間も続くのです。

私は「負けた……」と思いました。もちろん、勝ち負けの話ではないのですが、私の中にはどこかで戦いを挑んでいるような気合と意地とプライドがあったのです。そうしたものがなければ、とても続けていけないような世界だったのです。

それでも2カ月が経過した翌1993年の2月頃には、私も徐々に作業に慣れてきて、少しずつ余裕を持てるようになっていました。

ある夜、ふと店内のざわめく空気を感じた私は作業の手を止め、何気なく顔を上げて店内を見渡してみたのです。すると、西麻布という場所柄もあって、お客様には芸能人や随分と羽振りのよさそうな経営者のような人がたくさんいらっしゃることに気づきました。

1993年頃といえば、いわゆるバブル経済が崩壊した後とはいえ、まだ多くの人はその余韻の中にいるような時分でした。

私は思いました。

「俺が惚れたこのラーメンとスープを口にするのは、こういう人たちだけなのだろうか……。家で自分の帰りを待ってくれている妻や子供たちは、一生このスープの味を知らないままなのか……」

そう思うと、心がざわめきました。そして、これほどのスープのラーメンが西麻布の店でしか食べることができないのはもったいない、このスープを家族にも味あわせてあげたい、子供からお年寄りまでもっと多くの人に味わってもらいたい、という思いが湧き上がってきたのです。

思い立ったが吉日。私はまだ営業時間中にもかかわらず、赤坂の親父さんに「赤のれん」の多店舗展開の話を提案しました。親父さんは一瞬驚いた顔をしましたが、私が本気なことがわかると、真剣に耳を傾けてくれました。そして、一言「お前、できるのか？」と言ったのです。間髪入れず、私は「できます！」と答えました。

次の日、親父さんは店に入るなり、私に紙袋を手渡しました。ズシリとした重さを感じました。中を見ると、無造作に放り込んだように札束が入っています。

「3000万円ある。これでお前の夢を叶えてみろ」

と親父さんは言いました。

頑固一徹だった親父さんがなぜ私の提案を認めてくれたのか、今でもふと考えることがあります。

思うに、わずか2カ月間とはいえ、「赤のれん」に入ってからの私の仕事ぶりと店舗運営の能力を見込んでくれたこと、私の中に若い頃の自分と同じものを感じ取ってくれたこと、そして飲食業に携わる者として、味で人を楽しませたい、お客様のよろこぶ顔が見たい、一人でも多くの人にこのラーメンとスープを味わってほしいという思いを共有していたからなのではないかと思っています。

## １年以上かかった「福のれん」誕生

そうは言っても、３０００万円では多店舗展開には到底足りません。「どうするんだ」と親父さんから聞かれた私は無謀にも「自分が企画書を書いて大手企業を回り、出資を募ります」と答えました。そんな私に親父さんはこう言ったのです。

「マルハに行ってくれ」

マルハ株式会社は１８８０年、創業者の中部幾次郎《なかべいくじろう》氏が兵庫県明石市で鮮魚仲買運搬業をしていた家業を受け継ぐ形で始まった林兼商店を母体とする大手水産加工会社です。その後、多くのグループ会社を傘下に収める日本有数の大企業に成長し、１９９３年に社名をマルハに改称。２０１４年に株式会社ニチロと合併し、現在はマルハニチロ株式会社となっています。

多店舗展開のためには、資金のみならず、原料を安定的に調達する必要があります。品質、量を下げずに一定量を確保するには、「赤のれん」のような個人店舗では不可能で、大企業に依存せざるをえないのが現実です。その点、マルハは理想的でした。

ただ、当時のマルハはレストラン部門を持っていませんでした。「なぜマルハなのか」と合点がいかない私に対し、親父さんは理由を説明してくれました。

「赤のれん」が東京で開業して間もない頃、アルバイトの一人に中部由郎《なかべよしろう》さんがいました。当時の「赤のれん」では慶応義塾大学ラグビー部の現役部員が多く働いていましたが、ラグビー部だった由郎さんはその取りまとめ役として親父さんの信頼を勝ち得ていました。じつは由郎さんは前述したマルハの創業者・中部幾次郎氏の一族であり、私が多店舗展開を親父さんに提案した当時、マルハの筆頭株主である大東通商株式会社の常務取締役でした。つまり、マルハに対して大きな影響力を持っていたのです。

「大手企業だと企画やノウハウを盗まれるかもしれないが、あいつなら信用できる。まず由郎と話をしてこい」

私は早速、由郎さんにコンタクトをとり、六本木の喫茶店でお会いすることになりました。企画書を持参して、「赤のれん」の多店舗展開にかける思いのたけを説明しましたが、由郎さんの反応は意外なものでした。

「名店は一店でいい。『赤のれん』を多店舗展開する理由がわからない」

手応えを感じられなかった私は、店に戻ると親父さんに「断られました」と伝えました。

親父さんは「さっき由郎から電話があった。『少し待ってくれ』と言っていたので、返事を待とう。他の会社にはプレゼンに行くな」と言いました。

果たして自分の夢をレールに乗せることができるのか。ただ待つという時間は本当に長いものです。六本木でお会いしてから半年近くが経とうとしていましたが、親父さんは「まずは由郎の返事を待て」と言うばかりです。

夏も盛りとなった8月、ようやく由郎さんから連絡がありました。

「お待たせして申し訳ない。先日のお話、前に進めましょう」

後になってわかったのですが、決定までに半年近く時間がかかったのは、水産加工会社であるマルハが豚骨スープの原料となる豚ガラを十分に確保できるかどうか、由郎さんは調査・検証していたのです。

私は、スープの品質については親父さんの仕込みのやり方をしっかり学んで、実践していくことで比較的短い時間でなんとか身につけることができましたが、原料である豚骨の確保については素人でした。

たとえば、1日に100人の来客があるお店の場合でも、1カ月で大体1トンのスープを使います。西麻布の「赤のれん」では、1日に100キロ以上、1カ月では3トン以上の豚骨を使っていました。

1トンのスープを作るには1トンの豚骨が必要になりますが、じつは100キロの豚1頭からは8キロほどしかガラは取れないのです。ということは計算すると、1カ月で最低でも400頭弱の豚が必要になるのです。

多店舗展開で必要となるのは、町の精肉屋から仕入れれば足りるという量ではありませんでした。しかも、当時の東京では新鮮な原料が手に入りにくく、冷凍物しか入荷しなくなっていたという状況もありました。原料の鮮度のよさがスープの命ですから、私たちが求める十分な量の豚骨を確保するのには多くの難題があったのです。

じつは、この問題はマルハでも解決できないことでした。そこで由郎さんは食肉業界の雄である日本ハムの協力を仰ぎ、調達の目途を立ててくれたのです。

このように、「赤のれん」の多店舗展開は由郎さんの尽力なくして成し遂げられないものでした。由郎さんが「赤のれん」でアルバイトとして働いていたのはまさに天佑《てんゆう》でした。

こうして大東通商から3000万円の出資が決まり、「赤のれん」からの3000万円と合わせて資本金6000万円で新会社を設立することが決まりました。そして、大東通商社内の片隅に私のデスクも置かせてもらい、店と会社を行き来する日々が始まりました。

多店舗展開の屋号は当然、「赤のれん」になると私も親父さんも由郎さんも考えていました。しかし、ここで問題が発生しました。「赤のれん」という商標が大阪にある酒屋さんによってすでに登録されていることがわかったのです。やむをえず、「赤のれん」発祥の地である福岡から一字を取り、「福のれん」という屋号で多店舗展開することになりました。

１９９４年2月4日、株式会社福のれんが設立され、私は取締役に就任しました。「時給８００円」で修行を始めてから1年2カ月、いよいよ私の夢が実現することとなったのです。

## 本物のスープ作りの前に立ちはだかる難問の数々

こうして「赤のれん」の多店舗展開がスタートしました。ラーメンの味と調理の責任者は赤坂の親父さんが、店舗運営は私が担当することになりました。

しかし、新会社ができても問題は山積みでした。大小様々な問題を一つ一つ解決していかなければいけないのですが、その多くはマルハの力に頼ることになりました。その最大のものは、スープの品質をいかに確保するかという問題でした。

親父さんのスープへのこだわりは半端なものではありませんでした。冷凍物は一切使わず生の原料にこだわりましたが、それは原料の鮮度を重視して上質な甘味を最大限に引き出すためでした。同時に、豚骨の持つ独特の臭みやえぐみを出さないために、脱血（血抜き）の下処理を丁寧に施していました。

また、このような高品質のスープの仕込みにかかる長時間労働をどう改善するかも問題でした。「赤のれん」では午前11時の開店に間に合うように夜中の2時頃から8時間以上かけてスープの仕込みを始めていました。大変な重労働です。

多店舗展開にあたって、私たちが設立する会社は大東通商の出資を受けるわけですから、マルハの関連会社になります。当時はまだ「ブラック企業」という言葉はありませんでしたが、従業員の労働環境を是正していく必要がありました。

そこで考えたのが、店のスープ釜を工場に持ち込むという発想でした。つまり、「赤のれん」の店で作るのと同じ品質のスープを工場で生産するために、工場に調理場を持ち込んでしまおうということです。

そのためには、工場とスープ釜を確保しなければいけません。私たちの工場探しの旅が始まりました。

私たちは、全国にあったマルハの工場すべてを視察させていただくことになりました。工場では、工場長や化成品課の社員の方々と打ち合わせをします。私たちの求めていることを話すと、彼らは原料の量や原価、炊き上げる時間、カロリーから、タンパク質や脂質の分子構造や化学式までをホワイトボードにスラスラと書いていくのです。それは見事なものでした。

一流の大学で博士号を取ってきたような人たちですから、それは当然のことなのかもしれませんが、私はよく理解できないまま、「まるで大学の教授みたいだ」などと感心しながら、彼らの〝授業〟を受けていました。私たちの思いが大きなプロジェクトになりつつあることを、私は徐々に実感し始めていました。

しかし、プロジェクトはなかなか思うようには進みませんでした。

ある工場にあったのは10トン用の大きな加圧釜でした。まずは、この釜を使わせてもらって豚骨スープを炊いてみました。

蓋をして圧力をかけて2時間ほどで豚骨の旨味成分が抽出できます。しかし、加圧釜ではアク抜きができず、でき上がったものは私たちが求めているスープとはほど遠いものでした。

また、カツオの加工食品を主力とする生産工場では、釜からあふれ出た液体で床を豚骨の脂まみれにしてしまうという大変申し訳ない失敗をしでかしたこともありました。ある程度のムダは想定の範囲内のことでしたが、原料費だけでも1回あたり数十万円もかかっていたため、コスト面もばかになりませんでした。

それぞれの工場で多くの方々から協力をいただきましたが、結局、私たちが理想とする工場とスープ釜に出会うことはできませんでした。そんなとき、新たに支援をいただくことになったのが、原料調達でお世話になっていた日本ハムでした。

日本ハム株式会社は1942年、大社義規《おおこそよしのり》氏が創業した徳島食肉加工場が母体となって発展した会社で、日本における食肉加工業の最大手企業です。

それまでマルハと日本ハムは取引関係がなく、前述したように、豚骨スープの原料調達における日本ハムとの協力関係は、由郎さんからお願いしたという経緯がありました。

交渉当日は、由郎さんにも同席していただきました。相手は東平八郎《あずまへいはちろう》さん。当時の日本ハムの副社長で全国にある多くの工場を統括する大番頭の方でした。

このときの東さんとの会話は、今でも忘れられないものです。

「本間さん、日本全国にラーメン店はどのくらいあるんですか？」

「ラーメン専門店なら３～４万店以上、中華料理店を入れれば７～８万店、ファミリーレストランなどを含めれば10万店以上あると思います」

「わかった。では原料は提供しましょう。その代わり、シェア１割をあなたが取ってください」

「わかりました」

私は何も考えずに即答したのですが、このときの東さんとの約束を今でも果たせていません。今となっては、私のスープを１万店のお店で使っていただいたとしても東さんには何の利益もありませんが、それでも当時の東さんの心意気に触れた私にとっては、いつかは実現しなければいけない約束だと、今も忘れずに胸に刻んでいるのです。

## 多くの人々の協力と思いに触れた工場巡り

日本ハムからの支援を得た私たちは、ここでも日本全国の工場すべてを視察させていただくことになりました。その中では、さまざまな人の出会いがあり、多くの協力をいただくことができました。

私たちが工場を訪問した際は、求めるスープの味を知ってもらうために現場でラーメンを作って関係者の方々に食べていただくという試食会のようなことをしていました。

ある工場を訪れたとき、工場長が自ら「ラーメンを食べたい」とやって来られたことがありました。

そこで私が「赤のれん」のラーメンを作ってお出しすると、その方は美味しそうにラーメンを食べていました。

麺と具を食べ終わったところで、「ラーメンの醍醐味は、最後にどんぶりから直接スープを飲むことですよ」と私が言うと、工場長はどんぶりをグッと持ち上げ、一気にスープを飲み干してくれたのです。そして、どんぶりに顔を近づけて器に残っている香りまで味わってくれました。

「これが、私たちが作りたいスープです」と言うと、彼は一言「こんな旨いスープ、作りたいなぁ」と言ってくれたのです。私は感動のあまり、思わず「一緒に作りましょう!」と叫んでいました。

そうした経験の中でも忘れられないのが、鹿児島県大口市（現伊佐市）の工場での出来事です。

大口地方は鹿児島県の北端に位置する九州山地に囲まれた盆地で、冬の気温は氷点下となることもあり、雪が降ることも珍しくないことから〝鹿児島の北海道〟ともいわれる土地です。また、星空が美しいことでも知られています。

私たちが工場を訪れたのは、春先の底冷えのする日でした。訪問といっても、じつは従業員の人たちが全員帰った後、夜が更けてからカギを開けて工場に忍び込んだのでした。〝不法侵入〟のメンバーは、私と赤坂の親父さんとマルハの化成品課の課長、そして日本ハムの販売部長でした。

工場には原料となる豚骨が用意されていました。じつは、日本ハムの販売部長が工場長を説得してくれていたようで、工場長は知っていたが知らなかった、という暗黙の了解のもとに私たちは工場に忍び込んだのでした。

まずは釜を稼働して、スープの炊き出しを始めました。外は真っ暗闇。静まりかえった工場内には釜が稼働する音だけが響いていました。

朝方、事務所でうたた寝をしていると工場長がコーヒーを持って様子を見に来てくれました。時計の針は4時を差していました。

つかの間の会話の後、工場長は一言「青春っていいなぁ」と言って帰っていきました。もう青春という歳でもないのに、私は胸が熱くなってしまいました。

自分の思いつきで始まったプロジェクトに、これだけ多くの人たちが無償で関わってくれている。そのことを思うと猛烈に感動して涙があふれたのです。ただのインスタントコーヒーがあれほど美味しかったのは、後にも先にも、あの1杯だけでした。

後日、私は日本ハムの役員から呼び出しを喰らい、始末書を書かされたという〝オチ〟がついたのは、ご愛嬌といったところでした。

結局、日本ハムの工場にも私たちが求める釜はなく、満足のいくスープは作れませんでした。加圧釜では私たちが求めるスープを作ることができないことを知った私たちは、新たな釜の模索を始めました。そこで浮上してきたのが常圧釜でした。

## 「ないならば作ってしまおう」という逆転の発想

人伝いに話をたどっていくと、熊本県菊池市の食品加工工場に常圧釜があるという情報を得ることができました。そこで早速、私たちはこの工場に向かうことにしました。

さまざまな資料を当たってみると、常圧釜は加圧釜のように圧力をかけて短時間で炊き上げるのとは違って、じっくり時間をかけて炊き上げていくようでした。そのため時間はかかってしまうのですが、釜が原料の香ばしさと甘みを引き出してくれるというのです。願ったりかなったり、理想的な釜に思えました。

「パナフーズ熊本」という協業組合に、その釜はありました。理事長は尾崎さんという方で、大きな牛の半身肉を一人で担いでしまうほどの屈強な体と気風のよさが印象的な人でした。

私たちの思いや、これまでの経緯をお話しすると、尾崎さんは「遠路はるばる、わざわざこんな田舎まで来るとは……。それにしても、おもしろいことをやってますねぇ。いいでしょう、どんどん使ってください。私も楽しみだ」と言って、快く常圧釜を貸してくださったのでした。

実際にその常圧釜を稼働してみると、加圧釜とはまったく違うスープができあがりました。口に含んでみたところ、甘みと香りが出ています。まだまだ改善の余地はあるものの、ようやく光が見えてきました。私と赤坂の親父さんは目を合わせ、常圧釜であれば満足のいくスープを作ることができると思い至ったのです。


しかし、現実的には釜の改良が必要ですし、自分たち専用の常圧釜がなければスープを大量生産することができません。では、どうするか。釜がないなら作ってしまおうという発想に切り替えることにしたのです。

私は専門的な理論まではわかりませんでしたが、機械系のエンジニアやプラント設計の専門家、プロの料理人、さらには獣医師までも製作メンバーに加わってもらい、工学、化学、動物学、遺伝子学などさまざまな講義と議論を繰り返しながら、オリジナルの常圧5トン釜の製作を進めていきました。おそらく、それまで日本では誰もやったことのない初めての試みだったと思います。

同時並行で多店舗展開の準備に取り掛かり、新ラーメン店「福のれん」の1号店を開店

苦心の末完成した特注の常圧５トン釜

常圧５トン釜の中で沸騰するスープ

「福のれん」京橋店オープン風景。左から二番目：赤坂英晃氏、右端：筆者

することができました。

場所は、東京・日本橋。江戸時代に徳川幕府が東海道や中山道など五街道の起点と定め、その後も東京の幹線道路の始点となっていることから、「すべての道は日本橋に通ず」との思いで決めたのです。

常圧釜は設計から始め、試作を重ね、改良を施していきました。最初の頃は対流の理論が間違っていて、スープは沸騰しているのに原料に火が通らず、生のままで青臭いものができあがるといった失敗をしたこともありましたが、構想から3年後に世界でただ1つのオリジナル常圧釜を完成することができたのです。

利益だけを考えていたなら、そもそも私たちのプロジェクトは成り立たなかったし、これほど手間と時間をかけることはできなかったでしょう。それに、大手企業の支援を得られただけでなく、なぜこれだけ多くの方に協力してもらえたのかと振り返ったとき、そこには「美味しい」と「本物」という2つのキーワードがあったからだと思うのです。

たとえ、ジャンルや役割や立場は違っても、またここまで歩んできた道のりは人それぞれでも、食の世界を志し、この道で仕事をしてきた人間たちの情熱やプライドが、「美味しいものを作りたい」「本物にこだわりたい」という私たちの思いとシンクロした結果、共感の輪が生まれていったのではないかと思っています。

私は、このプロジェクトを通して「食」は人を動かし、思いは現実化していくことを知りました。この経験は私の大きな財産になっています。

## 予期せぬ展開で「福のれん」から身を引くことに

まだ「福のれん」を首都圏で4店舗のみ展開していた頃のことです。「福のれん」は計画的にビジネス立地に開店し、日曜日は定休日としていました。従業員の休みを確保するためですが、私は、スープの仕込みがあるため、日曜日にこの4店舗を巡回していたのです。そのとき、よく下の娘を連れて行ってました。彼女は最後にシャーベットを食べさせてもらえることがうれしくて私の仕事についてきていたのでしょうが、つかの間の子どもとの触れ合いは、当時の私にとって大切な時間でした。

店が軌道に乗るまでの2年間、私は1日も休日を取らずに働き続けましたが、念願の常圧釜が完成してからは労働環境を一気に改善することができ、12年間で「福のれん」を18店舗まで増やすことができたのです。

しかし、人生は何が起こるかわかりません。私は予期せぬところで大きな変化の渦に巻き込まれていくのです。

2005年、マルハが子会社の株式会社マルハレストランシステムズ（現株式会社M・R・S）を切り離す決定をしました。そこで、当時すでに大東通商の常務から社長になっていた由郎さんから相談を受けた私は、大東通商がマルハレストランを買収することを提案しました。

当時マルハレストランは、本国タイで有名になり、東南アジアを中心に展開していたタイスキ・レストランチェーンの「コカレストラン」やタイ料理レストランの「マンゴツリー」、映画スターやミュージシャンなどセレブ御用達のニューヨークの高級インド料理レストラン「ニルヴァーナ」などを日本で展開していました。

買収後、形式上はマルハレストランの下に「福のれん」がつくものの、実際はこれまでと変わらず私が運営していくということで由郎さんとは話がまとまりました。

やはり、マルハの冠があると対外的な交渉や人材採用でも有利に展開できるというメリットがありました。それに、ここまでお世話になった由郎さんには、「福のれん」チェーンをさらに大きく成長させていくことで、その恩に報いたいと思ったからです。

ところが、そこから事態は急展開を始めました。大東通商はマルハレストランを買収した後、「福のれん」の吸収合併を決定したのです。私にとっては寝耳に水の大どんでん返しです。

由郎さんから呼び出しを受け、私は社長室での話し合いに臨みました。

「本間さん、マルハレストランに移ってくれないか」

「マルハレストランで僕は何をすればいいんですか？」

「社員として働いてほしい」

「社員ですか……。レッドロブスターを辞めてラーメン店を経営する覚悟を決めて、ここまで福のれんを経営してきたんですよ。またレストランに戻るなら、この場で辞めさせてください」

「こんな大事な話を、なぜ即答するんだ」

由郎さんは烈火の如く怒っていましたが、私はそれまでの人生でも常に即答で生きてきたので、ここでも即答で啖呵《たんか》を切っていました。

後から考えれば、由郎さんは私のためにその先のことを考え、何かのポジションを用意してくれていたのかもしれませんし、私も浅はかな行動をとってしまったのかもしれません。しかし、我慢ができなかった私は、すぐに辞表を提出したのです。

結局、半年間も受理されなかった辞表は、その年の年末の12月23日に受理されました。あと1週間で新年を迎えるという年の暮れに、私は無職になってしまったのです。

## 苦境の私を支えてくれた恩人たちの言葉

年が明けた２００６年1月、私は数え年で50歳になりました。儒教の祖・孔子の『論語』の一節に「四十にして惑わず、五十にして天命を知る」という有名な言葉がありますが、私は50歳にして天から与えられた使命を知るどころか、まだ迷いの真っただ中にいました。「福のれん」は、やっと18店舗になったところでした。これから先、フランチャイズ展開も含めて50店舗、１００店舗と行けるところまでさらに拡大していこうと考えていた矢先でした。それが突然、すべてを失ってしまったのですから、落ち込むのも無理はないでしょう。

もちろん、私には意地がありました。このままでは終われないと思っていました。しかし、一体これから自分は何をして生きていけばいいのかわからなくなり、何も手につかないでいました。

苦境のとき、何が救いとなるのか、そして何を支えにして生きていくかは人それぞれでしょう。私の場合、やはりこれまで出会い、お世話になった人たちが大きな支えになったと思います。

レッドロブスター時代、私が大変お世話になった上司が2人いました。1人は菅原さんという方で、いつでも「気楽に行け」「仕事を楽しめ」「笑いながらやっちゃおう」と言って励ましてくれました。

まだ私が独り立ちできていなかった頃、自分の仕事も忙しいにもかかわらず、いつも私に寄り添っていっしょに仕事をしてくれた人でした。苦しく、つらいとき、菅原さんが働く後姿を見ているだけで心が軽くなったものでした。それは彼が口だけでなく、行動や後ろ姿で「気楽に行け」を実践していたからだったと思います。


もう1人は本池さんという方で、こちらは対照的に「ガツガツ行け」というタイプでした。私に仕事での〝戦い方〟を教えてくれた人でした。

私が仕事で揉めて殴り合いのケンカにでもなろうものなら、すぐにすっ飛んできてくれる人だったので、「福のれん」を辞めたときも年末のあわただしい中、真っ先に私の事務所に駆けつけてくれたのです。

本池さんは事務所に入るなり、開口一番「本間、よかったな、辞めたのか！」と言いました。いつもと変わらぬ熱い調子でした。そして、こう続けました。

「ラーメンの仕事を始めてからの12年間は無駄じゃなかったな。よかったなぁ……。これでお前の本当に好きなことができるな」

落ち込んでいる私を尻目に、なおも熱く語り続けました。

「ただ、お前……まさか自分だけ気分よろしくして、店を1軒でも始めればいいなんて思ってないだろうな？　後ろを振り返ってみろ、お前の後ろに何人ついてきているんだ？本間、無責任なことだけはするんじゃねえぞ」


私はドキリとしました。彼には、すべて見透かされていました。じつは、「福のれん」を辞めたときに3人の部下がついてきてくれていました。最悪の場合、なんとか家族と部下たちだけでも食べさせていくためにラーメン店でも始めようと考え、私は不動産屋と1軒の店舗契約を結んでいたのです。もう大きな戦いをするのも疲れたし、商店街とのつき合いだけ上手くやって小さな商売をやっていけばそれでいい、という考えもあったからです。

次の日、私はすぐに不動産屋に行って解約の手続きを済ませました。そして、もう一度真剣に人生を考えることにしたのです。

あの日、あのとき、本池さんの一言がなければ、今の私はなかったと思っています。

## 業界初のストレートスープの製造会社を立ち上げる

コンサルティングなどで細々と仕事をしていた頃、北陸地方に住む僧侶である水谷さんという方との出会いがありました。この方は、ご自身で飲食店を経営していたところ、お店を奥さんに任せて出家したという一風変わった経歴の持ち主でした。

飲食店経営や浄土真宗の開祖とされる親鸞《しんらん》聖人の話などをした後、彼は私にこんな話をしてくれました。

「飲食店を経営していたころの友人で、開店する店がすべて大繁盛という人がいた。しかし、6店舗目で失敗し大きな借金を抱え、最終的には破産してしまった。本間ちゃん、人間にはそれぞれ器があるぞ。器以上のことをすると失敗してしまう。あんたも自分の器の中で生きていけよ」

会社の規模や業績は社長の器で決まるとは古今東西で言われてきたことですから、水谷さんの話は真新しいものではありませんでした。しかし、物事はタイミングが重要です。そのときの私には、彼の話は胸に突き刺さるものがあったのです。

私は、まだ過去に囚《とら》われていました。もう一度立ち上がって、飲食店経営の世界で戦うという気力も熱意も持てていないくせに、地域でナンバーワンのラーメンチェーン店を作り上げるだとか、ＩＰＯ（新規公開株）で株式上場を果たすなどといった幻想から離れられないでいたのです。

しかし、飲食店経営における私の器は、それほど大きくはなかったのかもしれません。１杯分のどんぶりに２杯、３杯のラーメンなど入るわけはないのです。

もちろん、器が大きければいいというわけでもないですし、人にはそれぞれ、その人の器というものがあるのでしょう。大切なのは、自分という器には、それに見合ったものを入れるべきだということです。

では、私の器とはどんな器なのか？　そこには何を入れたらいいのか？

私の武器は、店舗開業支援と運営のノウハウです。そして、ここまで心血を注いできた本物の豚骨スープ作りの技と情熱です。

外食産業では、飲食店経営に適した大きな器を持っている人が飲食店を展開、拡大していけばいい。私という器には、まず自分ができることをひとつずつ入れ直していこうと決意しました。

1207年2月、親鸞聖人は念仏流布を理由に後鳥羽《ごとば》上皇の怒りに触れ、師である法然《ほうねん》らとともに流罪となります。

法然は土佐国に、親鸞は越後国国府（今の新潟県上越市）に配流となり、同時に僧籍など一切を剥奪され、俗名として藤井善信《よしざね》という名を与えられ〝普通の人〟にされてしまいます。

しかし、親鸞聖人はこの苦境をチャンスととらえました。この地には未だ仏の教えが広まっていない。人々は救われていない。だから自分ができること、やるべきことがたくさんある。仏の教えと慈悲を伝える機会が自分に与えられたのだと考えたといいます。

私も、この苦境を自分に与えられたチャンスととらえることにしました。

飲食店を開業したくても、どうしていいのかわからない人へのノウハウや、スープ作りの重労働で疲弊しているラーメン店経営者のために本物のストレートスープを提供することで役に立つことができるなら、それこそが自分のやるべき使命なのではないかと考えたのです。

そして心機一転、2006年8月に飲食店コンサルティングと業界初となるストレートスープ製造販売の会社であるクックピット株式会社を立ち上げたのです。

演劇やオペラなどの舞台では、舞台と客席の間の一段低い場所に〝オーケストラ・ピット〟というオーケストラ用の演奏場所があります。クックピットという社名には、料理人とお客様の間に立って、クック（料理）を奏でるオーケストラ・ピットでありたいという思いを込めています。

## 流されながらも辿り着いた自分の居場所

しかし当初は、会社の経営は思ったようにはいきませんでした。初月度の売上げは、ゆで麺機の販売などで得た7万8000円、その翌月は0円というありさまでした。資本金を食いつぶし始め、3カ月も過ぎると、このままでは倒産という現実が私の目の前にちらつき始めていました。

そんなとき、連絡をいただいたのが東京近郊で約30店舗の居酒屋チェーンを経営する久保さんでした。

「本間さん、辞めたんだって、福のれん」

「情報が早いですね、もう知っているんですか」

「今、サウナにいるんだけど、みんなが本間さんの話で持ちきりだよ」

「今が旬、話題の人物というところですか」

「ところで本間さん、やることないならうちの社長やってくれないか?」

「いやぁ、社長は無理ですよ。だったら顧問をやらせてください」

そんな電話の会話から、私の飲食コンサルティングの仕事は始まりました。


まずは視察をさせてもらうと、その居酒屋の各店舗は小さいものの、どれも好立地にあるという強みを持っていました。しかし、お昼のランチタイムにはほとんどお客様が入っていません。そこでランチメニューで豚骨ラーメンを始めることにしました。

スープはもちろん、当社の専用工場で作った極上の豚骨スープです。また、私が使う麺は30秒で茹で上がるのでスピード感があります。時間のないビジネスパーソンにも需要があると考えたのです。

すぐに効果は出ました。ランチタイムのラーメンだけで平日は１００食前後を売り上げるようになったのです。すると、この売上げだけで店舗の１カ月分の賃料を楽々と支払うことができるようになりました。これは店舗経営と売上げアップの方法の一例です。

こうして私は、飲食店の経営コンサルティング、ラーメン店開業支援およびラーメン事業開発支援、そしてスープの製造販売という３本の柱による有機的な事業展開をしていくことができるようになりました。

最初の年は30店との契約をいただきましたが、その後、豚骨スープだけでなく鶏白湯や牛白湯、さらには鯛スープなどの開発も行ない商品ラインナップに追加していき、５年後には１００店、創業から11年後の２０１７年度にはラーメン店と飲食店、商業施設などを合わせて１５００店以上ものお客様に当社のスープをお使いいただいています。

## ついにストレートスープの商品化に成功！

私がラーメンのストレートスープの開発・製造を始めてから20年あまり。紆余曲折がありながらも、クックピットという会社を創業して業務用ストレートスープを業界で初めて商品化してから12年の月日が過ぎました。

ラーメンスープには、パウダーや固形のものをお湯に溶かす「濃縮還元型」と、冷凍パックを沸騰したお湯で解凍する「ストレート型」の2種類があります。

以前はラーメン店が業者からスープを仕入れる場合、濃縮還元タイプのスープしかなく、お店で水を加えて沸騰させて使っていたものでした。しかし、これではスープの質が落ちてしまい、味にばらつきが出てしまいます。そのため、各店では化学調味料を使って味を調整していたのですが、こうしたスープは食べると非常にのどが渇き、胸やけするような独特の食後感が残るもので、これでは本当に美味しいラーメンを作ることなど当然できなかったのです。

かといって、自前でスープを作るには大変な重労働をしなければならないことから、現実的な選択として、スープ作りを断念するお店もありました。そのため、本当に美味しくて、添加物を加えていない本物のスープがほしいというお店の需要はあったのです。

では、なぜ誰も業務用のストレートスープを商品化できなかったのかといえば、本物のスープを大量に作るための技術や知識、そしてスープ釜がなかったことに加え、輸送コストがかかってしまうからです。ストレートスープを各店舗に運ぶには冷凍車が必要です。冷凍しているといっても、重さやかさは液体のまま運ぶのと同じことですから、濃縮タイプに比べればコストがかさんでしまいます。さらに保管用の倉庫代のことも考えれば、賢明な経営者であれば商品化など考えなかったのだと思います。

しかし、私は数字や利益を追求するタイプの人間ではありません。ただ純粋に、本物のスープを作りたい、美味しいスープを提供したい、という思いでここまで仕事をしてきた人間でした。そして、自分や家族との時間を犠牲にしなければラーメン店を経営できないというような状況を変えていきたい、ラーメン店経営者をスープ作りの重労働から解放したいという思いがあったからこそ、誰もやらなかった世界を開拓し、ストレートスープの商品化を実現できたのだと思います。

また、時代が追いついてきたことで、私の本物のスープが支持されたという側面もあるでしょう。ただ安ければいい、ラクだから大量生産のジャンクフードでもかまわない、という人だけでなく、無添加で本当に美味しい味を求める健康志向の人が増えてきたということも追い風になったのではないかと思います。

成功者と呼ばれる人の中には、人生の岐路に立ったとき、いつも困難なほうの道を選んできたと言う人がいます。また、迷ったら好きなほうの道に進めと言う人もいます。目の前に2本の道があるとき、私はいつも困難なほうの道を進んだわけでも、本当にやりたいことを選んだわけでもありませんでした。ただ、過去に囚われず、未来を恐れず、いつでも捨てる勇気を持って、チャンスと感じたならそれを選択し、常に自分の持ち場で懸命に戦ってきた結果、辿り着いた先に自分の居場所があったような気がします。

そして、そこにはいつも私を支えて協力してくださる多くの人たちがいました。さまざまな人に導かれ、押し上げていただいたからこそ、私は食の世界で仕事を続けてこられたのです。私一人では到底なしえなかったことだったと思っています。

第4章

# 世界中で受け入れられるラーメンを作る！

## ラーメンは今や世界で人気ナンバーワンの日本料理

日本におけるラーメンの夜明けは、一説によれば1697年、「黄門様」でおなじみの二代目水戸藩主・水戸光圀《みつくに》が招聘《しょうへい》した明《みん》の儒学者・朱舜水《しゅしゅんすい》から、「我が国の汁そば」としてふるまわれたものを食べたのが最初だと言われています。

その後、幕末期に5つの港が開港されたことにより、多くの外国人が日本に移り住むようになると、さまざまな食文化も流入し、中国人たちからも新しい麺文化がもたらされました。

明治時代に入ると、横浜や神戸に外国人の居留地ができます。中国人が多く住んだ場所は、当時は「南京町《なんきんまち》」と呼ばれ、それが現在の中華街になっていきます。

そして1870年、横浜の居留地に日本で最初の中華料理店ができ、ここから全国にラーメンが広まっていったと考えられているようです。

手軽に食べられて、安くて美味しいラーメンは、しょうゆ味、塩味、みそ味、豚骨味などを定番の味として、さらには鶏白湯、しょうゆ豚骨、煮干ししょうゆ、フレンチ系、つけ麺、汁なしラーメンなど、その種類と味はバラエティに富みながら年々進化を遂げています。

そして、多くの個性的なラーメン店が次々と生まれ、各店は研鑽《けんさん》と努力を重ね、味を追求しながらしのぎを削っています。

全国的に知られるラーメン店経営者の店や、行列のできる人気店に一度は足を運んだことがあるという方も多いでしょう。中には全国から「一度は食べてみたい」と多くの人が押し寄せる超人気店もあるのですから、今やラーメンが〝国民食〟と言われるのもうなずけます。それどころか、近年ではラーメンの人気は日本という枠に留まらない勢いを見せています。

日本政府観光局の発表によると、２０１７年の訪日外国人数は２８６９万１０００人（前年比19・3パーセント増）にまで増加し、史上最多記録を更新しています。また、観光庁の発表によると、旅行消費額は４兆４１６１億円（前年比17・8パーセント増）となり、初めて４兆円を突破。そのうち約20パーセントが飲食費として使われたということです。

旅の醍醐味のひとつに現地の美味しい料理を食べることがあります。日本食の人気はかなり高く、訪日外国人に対するあるアンケート調査によると、日本に旅行に来た目的として約80パーセントの人たちが「日本食を楽しむ」と回答しています。

しかも、好きな日本食のランキングでは寿司や天ぷらなどの定番料理を抑えてラーメンが1位になっているということです。

また、日本のラーメン店は中国やアメリカをはじめ、続々と海外進出を果たしています。ラーメンは名実ともに、今では外国人にも一番人気の日本料理になっているのです。

近年、さらに盛り上がりを見せるラーメン人気も手伝って、毎年多くの店が開業しています。しかし同時に、廃業を余儀なくされる店も多いという現実があります。

「はじめに」でもお話ししましたが、開店資金が比較的安価で参入障壁の低いラーメン業界では、毎年3000～4000店が新規開業する一方で、ほぼ同数の店が閉店していきます。開店から1年以内に4割以上が閉店し、3年以内では7割以上の店が閉店に追い込まれるという生き残りが厳しい業界なのです。

## 本物のストレートスープが生み出す6つのメリット

新陳代謝の激しいラーメン業界で、紆余曲折はありながらも私は26年以上の間、仕事を続けてくることができました。それはなぜかといえば、これまでお話ししてきたように本物の味、無添加で安心な究極のストレートスープを追求してきたからだと思っています。

現在、当社で製造・販売しているストレートスープには、鶏白湯、豚白湯、鶏豚白湯、牛白湯に加え、鶏清湯《チンタン》、鯛《たい》スープというラインナップを取りそろえ、ブリックス（濃度）は4、6、7、8、10の５種類をご用意しています。

白湯＝パイタンとは、もともとは中国語で、日本古来の〝さゆ〟のことではありません。強火で沸騰させながら骨が砕けるまで煮込むことで中の骨髄のエキスを抽出していくので骨汁と言ってもいいでしょう。色は白濁できれいな乳白色をしています。良質な脂質やコラーゲン、カルシウム、ビタミン、ミネラル、コンドロイチンなどの栄養素を豊富に含んでいます。

対照的に清湯の色は、やや茶色がかっていますが、日本酒の清酒と同じように透き通ったスープです。弱火で沸騰させずにコトコトと煮込んでいくことででき上がります。

そして、これらの高品質の無添加ストレートスープがマトリックス（母体）となって、飲食業界や国境という既存の枠を超え、さまざまな業界や多くの人々へのメリットや魅力が生み出されています。

それは主に次の6つです。

①ラーメン店経営者や従業員の労働時間の削減など労働環境の改善と経営の安定化
②ラーメン店開業を目指す方への開業支援システム「味分け」事業
③さまざまな飲食店や商業施設への提供により味の差別化を実現
④コンシューマー（一般消費者）へ新たな食の楽しみの提案
⑤アンチエイジングやファスティング（断食）など健康と美容へのサポート
⑥ハラール対応で製造したストレートスープの国内及び世界への供給

本章では、これらのメリットについて詳しくお話ししていきたいと思います。

## 犠牲がともなうラーメン店経営からの脱却

第１章でもお話ししたように、当社のストレートスープを使っていただくことでラーメン店の労働環境の改善や経営の安定化を実現することができます。

通常であれば８時間以上もかかるスープの仕込みのために、多くのラーメン店経営者は大きな負担を抱えることになります。

営業時間も含め、毎日20時間以上も働かなければいけないために、家族と触れあう時間も持てず、休日もなく自分の時間を削って働き続けなければお店が回らない。慢性的な睡眠不足と蓄積する疲労のために身体にも心にも余裕がなくなり、商品の品質やサービスの低下を招き売上げが落ち込む。その結果、最悪の場合は開業から１年ももたずに廃業してしまうというラーメン店経営者が後を絶たないのです。

夢だったはずのラーメン店経営、独立開業が何かを犠牲にしなければ成り立たない現実。自分の理想の味作り、店舗運営がままならない現実。自分と家族の幸せを手に入れたい、お客様をよろこばせたいという思いが空回りする現実の前に困窮するラーメン店経営者を私は何人も見てきました。実際、そうした苦労を私自身も経験してきたのです。

だからこそ私は、20数年前から業務用のストレートスープの製造を行ない、12年前に日本で初めてとなる商品化を実現しました。そして、スープの製造・販売という黒子に徹することで全国のラーメン店経営者をバックアップし続けてきたのです。今では、全国で約1500店のラーメン店等で当社のストレートスープをご使用いただいています。

当社にスープの仕込みは任せていただき、本物のストレートスープを使用していただくことで、ラーメン店の経営者は多くのメリットを手に入れることができます。

スープを仕込むための時間を大幅に削減できることで、労働環境を改善することができます。自分の時間を持ち、家族と過ごす時間に充てることで、仕事へのやりがいや人生のよろこびを手に入れることができます。

自分の店でスープを仕込む必要がないので、原料の仕入れ代や従業員の人件費、水道代や光熱費、廃棄物の処理代などを削減することができます。厨房は省スペースで、常に清潔に保つことができるので、閉店後の清掃の負担も減らすことができます。

また、スープの味のばらつきがなくなることで、いつでも安定した味をお客様に提供でき、商品の品質を確保することができます。さらに、タレは自分のオリジナルのものを使うことで味のアレンジが自由にできるので、オーナーの個性を前面に打ち出した独自のラーメンを提供することができるのです。

結果として、肉体的にも精神的にも余裕を持つことができ、サービスの向上を図ることも可能になります。売上げも上がり、ラーメン店の経営を長く続けていくことができるようになります。

その先には、多店舗展開やフランチャイズ展開で業務の拡大を目指すこともできるのです。

## どん底から復活したラーメン店経営者の話

もう長くおつき合いをいただいている当社のお客様にNさんという方がいらっしゃいます。もともとは、ある商社でサラリーマンをしていたNさんは人に使われる人生から脱却し、自分の道を歩んでいきたいと考え、独立開業を志したと言います。

いろいろと考えた末、やはり自分が好きなラーメンの店を開業して、やりがいを持って仕事をしていきたいと決意。33歳のときに会社を辞め、独立開業を果たしたのです。

しかし、現実はそう甘くはありませんでした。開業したものの客足が伸びず売上げは低迷。資本金を食い潰していき、3カ月後には雇っていたアルバイトスタッフに辞めてもらい、すべての実務・作業を1人でこなしていくことになりました。

半年を過ぎた頃、Nさんは身体の異変を感じました。スープの仕込みをするために夜中に起きようとしたところ、起き上がることができなくなったのです。そうした日が続き、休業せざるを得ない日が増えていくとNさんの心には焦りが募り、不安と心配に支配され始めました。

こうなると、すべてが悪循環です。体調は回復せず、心も落ち込み、比例するようにお店の売上げはさらに落ち込んでいったのです。理由もなく涙が流れることもあり、死にたくなるときもあったと言います。

そんなとき、当社の存在を知ったNさんから連絡をいただきました。私としてもNさんの現状はよく理解できることだったので、お会いして当社のスープについてお話をさせていただいたところ、導入していただくことが決まりました。

その後のＮさんの復活には私も驚きました。長時間労働から解放されたＮさんは体調が良くなり、本来の笑顔が戻ってきました。負のスパイラルから抜け出したＮさんのお店は徐々に売上げも伸びていき、評判も上がっていったことで繁盛店に生まれ変わることに成功したのです。

現在、Ｎさんは埼玉県内で５店舗を展開するまでになりました。

「長時間のスープの仕込みから解放されたことはもちろんですが、何より大きかったのはクックピットさんのストレートスープの味が本物だったこと。他のスープだったら、ここまで店舗を増やすことはできなかったと思います。本当にありがとうございました」

そう言ってくれたＮさんの笑顔が、私は何よりうれしかったことを覚えています。

## 初心者でもラーメン店を開店できる「味分け」とは？

独立して、あるいは脱サラをして自分の店を持ちたいという方がいらっしゃいます。たとえば飲食業であれば、カフェやレストラン、居酒屋、バーなどさまざまな業態がありますが、ラーメン好きなら、やはり自分が好きなラーメンの店を開業したいと考えるのではないかと思います。

しかし、どうやって開業すればいいのかわからない、上手く経営していくことができるか不安、開業を実現したい気持ちはあるがなかなか一歩が踏み出せない、と不安を抱いている方もいらっしゃるでしょう。

そこで、当社では既存のフランチャイズやのれん分けとは違う「味分け」と名づけたシステムを開発し、開業支援を行なっています。

簡単に説明すると、「味分け」は当社が提供するストレートスープやタレ、麺を使ってラーメン店経営を行なっていくのですが、その前段の開店準備から調理、店舗運営に至るまで当社がトータルに支援していくものです。「味分け」は文字通り、私が作ってきたラーメンとストレートスープの味を、これから開業を目指す方々にお分けしたいという思いから名づけています。

次に、開業支援システム「味分け」の４つの特徴をご説明します。

## １．安価な加盟金のみで、ロイヤリティやノルマは一切なし

たとえば、通常のフランチャイズのラーメン店の場合、３００万円ほどの加盟金にプラスして、売上げの２～３パーセント、あるいは席数×８０００円のロイヤリティを毎月支払い、さらに本部からノルマを決められるのが一般的です。

しかし、当社の「味分け」では加盟金は１００万円をいただいていますが、ロイヤリティとノルマは一切ありません。毎月必要なのは事務処理手数料の８０００円のみです。

## 2. 厳しい修業期間は必要なし。誰でもすぐに開業できる

通常、ラーメン店を開業するには有名店などで厳しい修業をする必要があります。長時間労働や低収入で修業を続けるのは余程の体力と覚悟がなければ、かなりハードルが高いものです。

また、修業期間で何よりキツいのは体力以上に上下関係の厳しさです。お店では年齢は関係ありません。たとえば、40代や50代でラーメン店に修業に入った場合、10代や20代の若い人間が先輩になります。必然的に息子ほどの年齢の差のある先輩に命令されたり、怒鳴られたりということが起きます。

プライドも何もあったものではありません。そうしたことに耐えられるかということも、

じつは高いハードルになってくるのです。
その点、当社の「味分け」システムを利用すれば、

①朝の開店時のセットアップ
②営業中のオペレーション
③閉店後のクローズ作業

という3つのポイントを中心に、調理と店舗運営のノウハウを最短で3日間の研修で学ぶことができます。サラリーマンの方であれば、土日を利用して研修を受けることも可能です。

当社のストレートスープを使用するので、スープの仕込みをする必要がありません。また、ラーメンのレシピはマニュアル化しているので、飲食業での経験のない方でも、脱サラを考えている中高年の方でも、主婦の方でも、厳しい修業や人間関係の煩わしさを経験せずにラーメン店を独立開業することができるのです。

## 3．極上のストレートスープとオリジナルレシピの提供

第1章でもお話ししたように、当社では食肉処理場の敷地内にスープの製造工場を設置しています。無農薬飼料で育てた個体のしっかりした鶏や豚を朝一番で絞め、独自開発した常圧5トン釜で炊き上げているので、無添加で新鮮な甘味のある本物のストレートスープを提供できるのです。

「味分け」の開業支援では、次の4種類をご使用いただけます。

①鶏白湯（鹿児島県の銘柄鶏である南国元気鶏と桜島鶏を使用）
②豚白湯（鹿児島産豚の豚骨を使用）
③豚鶏白湯（豚と鶏50パーセントずつをブレンドしたもの）
④牛白湯

また、ラーメン以外にも、さまざまな料理のレシピの提供とオリジナルレシピの開発のサポートも行なっています。

## 4．〝自分流〟の店を作り上げることができる

「味分け」の開業支援ではスープの他にタレと麺もご用意しているので、研修後すぐに開業することができます。

「それでは、フランチャイズとどこが違うのか?」という声が聞こえてきそうですが、じつは大きな違いがあります。当社のタレは必ず使わなければいけないということはありません。ご自身のオリジナルのタレを使えば、しょうゆ味でもみそ味でも、ご自身の個性を前面に出したラーメンを作ることができるのです。

つまり、フランチャイズに加盟した場合は、決められた味をただそのまま再現するだけですが、「味分け」システムを利用すれば当社のスープをベースとして、アレンジ次第で〝世界にひとつだけのラーメン〟を作り、お客様に提供することができるのです。これが、開店支援システム「味分け」の最大の特徴と言ってもいいでしょう。

さらには、店名や営業形態、制服、器など自由に決めることができます。ご自身の店を自由に作り上げていくことは、すなわち人生を自分の手で彩り、作り上げていくことに他なりません。

## 経営をバックアップする「味分け」10のサポート

その他にも、「味分け」では次のようなサポートをご用意しています。

①物件調達サポート
　ご希望のエリアの物件の調達をお手伝いします。

②店舗・厨房システム構築サポート
　飲食店専門の建築施工チームが細部にまでこだわった店舗作りを行ない、最適な厨房システムをご提案します。

③設備メンテナンスサポート
　店舗施設から厨房設備・機器、電気系統設備、看板などの修理と保全をお手伝いします。

④店舗関連備品の供給サポート

厨房備品から器類、ホール備品、ユニフォームまで店舗関連備品類もバックアップします。

⑤メニュー開発・調理教育サポート
レシピの提供から調理指導、オリジナルレシピ開発までをサポートします。

⑥接客教育サポート
店舗運営において重要な接客教育をサポートします。

⑦店舗運営マネジメントサポート
飲食店特有の計数管理をはじめ、店舗運営におけるマネジメント全般の相談をお受けします。

⑧販売促進サポート
メニューやポスター、チラシ、ショップカード、ホームページなど販促ツールの制作・

デザインをサポートします。

⑨融資・リースサポート

開店資金が不足しているなどの事情がある場合には、公的援助を受けるためのご相談をお受けします。

⑩会計士・税理士のサポート

事業主であるかぎり、会計事務所との関係は必須です。会計・経理の煩雑な業務においても会計士などをご紹介しています。

## 小さな店舗でも儲かる「味分け」の仕組み

では、もう少し具体的に「味分け」について説明していきましょう。まず収支について、ここでは10坪で15席の店舗を例に考えてみます。

初期投資としては次のものが必要になります。

「初期投資費用」
①内装工事、空調・電気・ガス・水道等の設備工事　600万円
②厨房設備工事　250万円
③備品・什器　50万円
④設計・デザイン、設計監視　50万円
⑤「味分け」加盟金　100万円
計　1050万円

月間売上300万円の場合の収支損益は次のようになります。

「収支損益」
①原価　35パーセント
②人件費　25パーセント

③光熱費等　５パーセント
④運営経費　５パーセント
⑤地代家賃　７・５パーセント
⑥減価償却　３・５パーセント
⑦利益　19パーセント（55万円）

一般的に人気のラーメン店でも原価は大体35パーセントとなりますから、当社のストレートスープを使用しても原価が高くつくことはありません。むしろ、ガス代などの光熱費は３分の１から５分の１まで節約することができます。

すると年間利益は、55万円×12カ月＝６６０万円となり、初期投資費用は約１年半で回収できます。オーナーが自ら働けば人件費は節約できるので、当然、利益をさらに増やすことができます。

これは、通常のフランチャイズと比較して、加盟金が安価であること、また人件費、水道・光熱費、ゴミ処理費、食材のロスなどを大幅に削減できること、「収支損益」の③④を圧縮できるだけでなく、何より当社の麺はゆで時間が30秒のため、注文をいただいてから

3分を切る速さでお客様にラーメンを提供することで回転率が高いというメリットがあるからこそ実現できることなのです。

「旨い」「速い」「安い」の三拍子がそろっているのですから、当然売上も上がります。

実は、当社の直営店である「麺や福十八」（東京・本郷三丁目）には、この「味分け」システムのモデル店としての機能もあります。17坪で23席の店ですが、月商は450万円です。一度、ご来店いただければ「味分け」システムと本物のストレートスープを実感していただくことができると思います。

## 「味分け」への思いは本物のスープへの思いにつながる

「味分け」による開業支援を始めたきっかけには、私のこれまでの経験と思いがベースにあります。

人は何のために働くのかといえば、「自分のため」「お金のため」「家族のため」「夢のため」など、さまざまな理由があるでしょう。そして、どのような理由にせよ、究極的には「幸せになるため」に仕事をするのではないでしょうか。

日本料理の板前の見習いから始めて、大手飲食チェーン店の店長、スーパーバイザー、ラーメン店での修行、そしてラーメンチェーン店の経営を経験してきた中で、私自身、得られたものも数えきれないほどありました。その一方で、さまざまなものを犠牲にしてきました。

そうした経験から、私はラーメン店の経営をこれから始めたいと意欲に燃えている方々のサポートをしたいと考えました。自分の時間や家族と触れ合う時間を犠牲にすることなく、「味分け」で得られる自由な時間を生かして、ラーメン店経営以外の幸せやよろこびも同時に手に入れていただきたい。その思いは、私が本物のストレートスープの商品化の際に胸に誓った初志につながっています。

ラーメンを生業《なりわい》として生きてきた者として、ラーメン店経営を志す人たちに「夢は現実化するもの」だと伝えたい。それが私たちクックピットの基本理念になっています。

今後は、オーナーの方々に向けて定期的に勉強会も開催していきます。ラーメン店経営者は厨房に入ってしまうと外界と隔離されてしまい、どうしても情報不足になり孤独を感じがちです。そうした環境を改善し、情報を発信していくことでオーナーの方々に安心感や刺激を得てほしいと考えています。

また、ラーメン店の開業だけでなく、当社のストレートスープ販売店のフランチャイズ本部になることもできます。これまで、ラーメン店のフランチャイズは数多くありましたが、ストレートスープ販売店のフランチャイズはありませんでした。

つまり、日本初の試みとして、味のブレのない本物のストレートスープの販売本部としてフランチャイズ展開をしていくという開業プランもあるということです。

自分流の自由なお店作りが可能な「味分け」システムによるサポートが、あなたの個性を生かした、あなたらしい人生を輝かせていけることを、私は確信しています。

## 無添加ストレートスープの魅力と価値は広がり続ける

３年前のある日、私のもとに某大手ＩＴ企業の福利厚生担当という方から電話がきました。誰もが知っている有名企業ですが、私はこれまで特におつき合いがあったわけではなかったので、一体何の要件かと思っていたところ、当社のストレートスープを社員食堂で使いたいというのです。

その企業の社員食堂は、毎日３０００人以上の社員が利用するという大規模な施設なのですが、中には「あまり美味しくない」と言って外の飲食店に行ってしまう社員がいるというのです。

社長としては、食事は社員たちの大切な活力になるものだから、美味しい料理をリーズナブルに食べてほしい。すべての料理を美味しくして、もっと多くの社員に社員食堂を利用してほしい、と考えていらっしゃるということでした。

しかし、社員食堂の厨房で長時間の仕込みをするわけにもいかないし、品質のいいスープを大量に作るのは手間がかかるので、美味しくて、使い勝手のいい便利なスープがあるならぜひ導入したい、ということで当社に連絡をいただいたのでした。

「なるほど、そうした需要もあるのか」と、そのとき初めて気づいたのですから、私も随分のんきなものですが、それほどまでに今やクックピットの無添加ストレートスープは私の当初の想像を超え、ラーメンという枠も飛び越えて、さまざまな飲食店や施設でご使用いただいているのです。

ここでは、ほんの一例をご紹介しましょう。

たとえば、豚白湯は回転寿司チェーン店のサイドメニューのラーメンやうどん、もつ鍋店の出汁スープなど、鶏白湯は水炊き専門店の出汁スープや、焼鳥店でも人気の唐揚げなどの隠し味に、また牛白湯はステーキチェーン店や焼き肉チェーン店のスープやクッパなどの料理、さらには火鍋店やしゃぶしゃぶ店の出汁スープなどにもご使用いただいています。

居酒屋チェーン店では、おでんや茶碗蒸しの出汁、野菜炒めや焼きおにぎりのタレをはじめ各種料理に、またファーストフードチェーン店ではカレーや親子丼などの調味料のひとつとしても使っていただいています。

その他にも、釜めし店やうどん店など各種飲食店や持ち帰り弁当店、フードコートなどの飲食施設、給食事業、変わったところではフェリーの運航会社やゴルフ場、ライブハウスなどにも当社の無添加ストレートスープをご提供しています。

なぜ、このようにさまざまな飲食店や施設でご使用いただいているのかといえば、これまでお話ししてきたように当社の無添加ストレートスープには大きなメリットがあるからです。ひとつは便利さであり、もうひとつが本物の美味しさです。

たとえば、フードコートではワンフロアにさまざまな飲食店が隣接して出店しているため、営業時間も決まっています。すると、出勤時間にも制限があるため長時間のスープの仕込みはできません。厨房のスペースも限られますし、仕込みの際に臭いが出るのでクレームがくる原因にもなってしまいます。

そこで当社のストレートスープを利用することで、限られたスペースでも手間をかけずに美味しい料理をお客様に提供することができるので、出店もしやすくなります。

フェリーの運航会社の方のお話でも、船内で提供する食事の調理では当社のストレートスープは、ただ溶かして温めるだけで本当に美味しいスープができるので、「手間いらずで、簡単便利。しかも絶品。もう手放せない」とおっしゃっていただいています。

また、当社のストレートスープを調味料として使うことで、料理の美味しさを確実にワンランクアップさせることができます。それは、多くの飲食店のさまざまな料理で隠し味としてご使用いただいていることが証明しています。

どんな料理にもこのスープを加えることで、コクや旨味、甘味や香りが抜群に引き立つのですから、一度この味を知ると、やみつきになってしまうでしょう。もう昔の味には戻れなくなってしまうのですから、非常に危険で、まるで悪魔のような魅力を秘めたスープだと言えるかもしれません。

もし、あなたが行きつけのお店の料理が急に美味しくなったなら、それはクックピットのスープを使い始めたからなのかもしれません。

## 家庭で味わうことができる本物のスープを作りたい！

私はこれまで外食産業の中で仕事をしてきた人間ですが、なんといっても料理の基本は家庭での食事にあると考えています。

スープであれば、子供の頃に母親が作ってくれたやさしいスープ、寒い夜に家族団らんの鍋料理で味わう温かなスープ、あるいは日本人の食卓に欠かせないみそ汁などは大切な家庭の味でしょう。

無添加で身体にやさしく、塩分ゼロですから健康的。誰もが一度味わえばクセになる美味しさ。そして、簡単便利で使いやすいとなれば、当社のスープは外食産業の飲食店だけでなく、もちろん家庭でも使っていただきたいというのが私の思いです。

たとえば､それぞれの家庭の味であるみそ汁に加えるだけで極上の豚汁になりますし､いろいろなスープやカレー、シチューなどに水の代わりに使用すれば、コクのある別次元の味を楽しむことができます。また、出汁巻き玉子に加えることで旨味と甘味を閉じ込めた、ふわふわでジューシーな一品が完成します。さらに、ドレッシングに加えれば他では味わうことのできない深く上品な味がサラダをワンランク上の世界に引き立てます。

もちろん、家庭でうどんやラーメンを味わうときでも当社のストレートスープで作れば、既製品の味がまったく別の料理に生まれ変わりますし、前述したような外食店での人気メニューをはじめ、さまざまな料理を家庭で作る際にも隠し味として使うことで、どの家庭でも驚くほど食卓が豊かになります。

現在、当社のストレートスープは業務用だけでなく個人でもお求めいただけますが、ゆくゆくは調味料のようにいつでも手軽に使える形で商品化して、各家庭に届けたいというのが私の次の夢です。
たとえば、無菌パックの調味料としてスーパーマーケットなどの量販店ですぐに買えるようになれば、世界中の家庭に届けることができます。さらには、保存料や化学調味料などは一切使っていませんから、赤ちゃんの離乳食や高齢者の介護食などにも安心して使うことができます。

## 鮮度の良い原料から作ったスープには生命が宿っている

古今東西、人間にとって長生きをすることは永遠の願いとなってきました。しかし、ただ長生きをすれば幸せかといえば、多くの人が「そんなことはない」と答えるでしょう。いつまでも若く、美しく、健康であればこそ長生きをする価値があると言えるのではないでしょうか。

日本の漢方医学や中国の中医学など、東アジアを中心に伝統的に行なわれてきた東洋医学の分野では「医食同源」という考え方があります。

日常的に体に良い、栄養バランスの取れた正しい食事を摂ることは薬と同じで、病気を予防し、体調を整えてくれる。つまり、健康でいるための基本であり、もっとも大切なものが「食」であるという考え方です。

実際、２０１７年７月に厚生労働省が公表したデータによると、２０１６年の日本人の平均寿命は女性が87・1歳、男性が81・0歳で、いずれも過去最高を更新し世界有数の長寿国であることが証明されています。

しかし、２０１６年の時点では、世界の国と地域で見ると日本人の平均寿命は男女ともに世界第2位です。では、長寿世界一はどこかというと、美食の街・香港です。これは２０１５年も同じ結果になっています。

香港が世界一の長寿国・地域であるのにはさまざまな理由があると思いますが、やはり食に対する伝統と歴史が影響しているのではないかと考えられます。

香港の人たちは、小さい頃から親や祖父母から漢方の知識を教えられて育つそうです。そのため、主要な漢方薬の名前と、その効能をすべて理解しているといいます。

体調が悪いときは、その症状に合わせて薬屋で調合してもらった漢方薬を家に持ち帰り、鶏や豚、野菜と合わせて薬膳スープを作ります。

また、病気のときだけでなく、香港の人たちは普段からスープを日常的に飲む習慣があり、季節や気候、体調に合わせて、その時々でさまざまな食材を取り合わせてスープを作ります。中でも、中医学では鶏は胃腸を温め、疲労回復を促すという考えがあることから、鶏ベースのスープがよく飲まれています。

香港の市場を歩くと、鶏肉専門店の店先で生きた鶏が売られている光景を目にします。お客のほとんどは、すでに切り分けられてパック詰めされたような肉を買いません。生きている鶏の善し悪しを品定めして選ぶと、店員は店の裏に行ってその鶏を絞めて、血抜きをして羽をむしり、お客に渡します。

これは、香港の人たちが素材の鮮度をもっとも大切にしていることのあらわれです。彼らは絞めてから時間が経過した肉は、明らかに鮮度が落ちていることを知っています。本当に美味しく、健康に効果があるのは新鮮な原料から作った料理であることを歴史と伝統の中で学んできた証拠でしょう。

私が26年間のスープ作りで、鶏や豚など素材の鮮度にこだわってきた理由も、まさにそこにあります。鮮度のいい原料から作ったスープは、それ自体が生きています。生きたスープには生命が宿っているのです。

無農薬の飼料で育てた鶏や豚を原料に使い、最高に鮮度のいい状態で、水以外は何も加えず完全無添加で炊き上げた当社のストレートスープは、美味しいだけでなく、美容や健康にも大きな効果がある〝命のスープ〟なのです。

## 美容と健康に効果がある〝ボーンブロス〟の可能性

所変わって、文化と経済の最先端を行くニューヨークでは、この数年、美容と健康に敏感な人たちやハリウッドのセレブ、さらには有名アスリートたちの間で、ある飲み物がブームになっています。

モーニングコーヒーの代わりに紙コップに入れてテイクアウトしたその飲み物を朝の通勤時に飲んだり、オフィスで朝食代わりに摂っているニューヨーカーの姿を見ることができます。

この飲み物は「ボーンブロス」と呼ばれるもので、日本風にいえば鶏ガラや牛骨、魚などを煮込んで作る〝骨汁〟や〝出汁スープ〟ということになるでしょう。栄養がギュッと詰まっていながら低カロリーで、しかも時間がなく、忙しいときでも手軽に味わうことができることから熱い視線が注がれています。

もともと、西洋でも風邪を引いたときなどに栄養価が高く、胃腸にやさしいチキンスープを薬代わりに飲むという習慣がありますが、滋養食としてのスープの効用を初めて示したのは紀元前4世紀頃の古代ギリシャの医師で、近代医学の父とも呼ばれるヒポクラテスだとも言われています。

つまりボーンブロスは、こうした昔ながらのスープの効用が見直された結果、近年になって再び脚光を浴びているわけです。

ラーメンのスープというと、脂質や塩分が多く、カロリーも高いというイメージから健康に気を使う人からは、まるで悪者のように敬遠されることがあります。

しかし、当社の無添加ストレートスープは同じ骨汁のスープですから、ニューヨーカーたちが愛飲するボーンブロスと同様の成分、栄養素を含んでいます。また、本格的なボーンブロスを作るには専門的な知識が必要で手間と時間がかかり、誰でも簡単に作れるわけではないので、日本でボーンブロスを飲みたいという人たちから経験と技術に裏打ちされた当社の本物のスープに大きな期待が集まっているのです。

では、このボーンブロスで期待される効果にはどういったものがあるのでしょうか。大きくは次の3つが挙げられます。

①美容効果（美肌、美髪、アンチエイジングなど）
②健康の維持・回復効果（炎症抑制効果、免疫システムの改善、細胞の修復、骨粗鬆症や関節炎の予防など）
③ダイエット効果（ファスティングや低糖質ダイエットでのケトン体回路の活性化など）

ボーンブロスには、コラーゲンやゼラチン、カルシウム、ビタミン、ミネラル、グルコサミン、アミノ酸、コンドロイチンなど、さまざまな栄養素が含まれています。

たとえば、皮膚や髪、骨、軟骨、靭帯など人体を構成するのに重要なたんぱく質であるコラーゲンには、美肌や美髪への効果が期待できます。そのため、ボーンブロスは身体の中からきれいになる「飲む美容液」とも呼ばれています。

コラーゲンの成分であるグリシンやプロリンは炎症の抑制、消化の促進、解毒といった効果があるので胃腸の弱い方や体調がすぐれないときにもおすすめです。グリシンは消化や胆汁の分泌を促し、赤血球のヘモグロビンの原料にもなります。プロリンは炎症を抑え、胃腸や関節の修復を手伝ってくれます。

また、ゼラチンは腸内の粘膜の強化、グルコサミンは抗炎症作用や関節痛の改善に効果があるとされています。

さらには、こうした効用から、高齢者や病気を患っている人向けの栄養食としてもボーンブロスに大きな期待が寄せられています。

このように、美容と健康において多くの効果が期待できるのがボーンブロスなのです。

## ダイエットやアンチエイジングにも効果的

ボーンブロスのスープを飲んだとき、各栄養素が私たちの体内でどのように変化して、どういった効果をもたらすのかが最近の研究によって徐々にわかってきています。その中で近年、注目されているのが「ケトン体」という物質です。

私たちが食べたものは、普段は腸内で吸収、分解され、人体のエネルギー源であるブドウ糖になって全身に運ばれていきます。ブドウ糖は集合してグリコーゲンとして体内に蓄えられるのですが、12時間で枯渇してしまうという特性があるため、体内ではインスリンが作用して脂肪という形に変えて蓄えておきます。

たとえば、ダイエットや体の浄化のためにファスティング（断食）をすると、体内ではエネルギー源となるブドウ糖が減少するため、人体にとっては生命の危機の状態に近づいていきます。すると、体内に蓄えられていた脂肪が分解されてできるケトン体がブドウ糖に代わる新たなエネルギー源として全身に行きわたり生命を維持しようとします。

以前は、脳が働くためのエネルギー源はブドウ糖だけと考えられていました。しかし、ケトン体も脳のエネルギー源として使われることが最近になってわかってきました。

ケトン体は酸素を使わないため省エネでありながら、生み出されるエネルギー価が高く、非常に効率のいいエネルギー源になります。つまり、安全にダイエットやファスティングをするために大切なものがケトン体なのです。

また、ダイエットやファスティングを終えて、すぐ元の食事に戻すと血糖値が急上昇して体はすぐに脂肪を作り出そうとします。これが、リバウンドの仕組みです。

そのため、回復食と呼ばれる食事をする必要がありますが、このときに最適なのがボーンブロスです。なぜなら、野菜ジュースなどと違ってボーンブロスを飲むと満足感を得ることができ、おまけに栄養価が高いので、無理なく徐々に元の食事に戻す手助けをしてくれるからです。

ちなみに、糖質制限ダイエットとは、糖質を減らすことで脂肪を分解してケトン体をエネルギーとして使える体にしていくものです。ケトン体の性質を利用して、無理なく脂肪を減らして痩せながら、太りにくい体にしていくという仕組みです。

これまで、ケトン体は人体を酸化させると考えられ悪者扱いされてきたのですが、近年ではじつは大きな役割を果たしていることがわかってきました。それは、ケトン体が遺伝子の働き方を変える可能性があるということです。

ケトン体の一種である「βヒドロキシ酪酸」という物質が遺伝子の発現を司る部分と反応すると、細胞内にあるミトコンドリアの活動を目覚めさせるスイッチが入ります。すると、ミトコンドリアは効率よく脂肪からエネルギーを作り出すようになり、脂肪をどんどん消費していきます。

一度、スイッチがオンになると、その状態が維持されるため、結果として太りにくい体質に生まれ変わり、同時に長寿遺伝子とも呼ばれる「サーチュイン遺伝子」が活性化することでアンチエイジングの効果もあるというのです。

さらに、こうしたケトン体の働きから、糖尿病やがん、アルツハイマー病などにも効果が期待されています。

当社では、鶏白湯、豚白湯、鶏豚白湯、牛白湯に加え、鶏清湯の動物系のストレートスープに加え、鯛スープも製造・販売していますが、ボーンブロスと共通する部分が多くあることから、お話をいただいたある団体とコラボレーションをして、私がボーンブロス用のスープを家庭用に独自に商品化しました。

鶏ガラや豚骨、魚のあらなど、一般的には廃棄されがちな旨味と栄養の宝庫から生み出されたスープは麺と組み合わさってラーメンという日本人の国民食になり、世界中の人たちをも惹きつけてやまないグローバルな存在になりました。

そして、私が人生をかけて作ってきたスープは、今や美容や健康などにさまざまな効果が期待されるものにまで進化しています。

当社のボーンブロス事業はまだ始まったばかりですが、美容や健康に関わる以上、私はこれからも誠心誠意、本物のスープを作り続けていかなければいけないと身が引き締まる思いでいます。

## 世界の16億人の胃袋をよろこばせるスープの夢

2010年、私はアジアの国々を巡る旅をしていました。旅といってもビジネスが目的で、丸亀製麺の顧問の仕事を引き受けたことがきっかけで各国にうどん及びラーメンを売り込み、販路を開拓するというのがミッションでした。

中国からスタートしてマレーシアに入り、最終目的地であるインドネシアまで、多くの経営者たちにプレゼンを行ない、交渉を重ねました。そこで私は未知の世界と出会うことになったのです。

マレーシアとインドネシアの会社や工場を訪問すると、それまで見たことのない不思議なマークが掲げられていることに気づきました。

何かの文様《もんよう》のようにも見えるアラビア文字が組み込まれたそのマークは異国情緒たっぷりで、私は妙に惹きつけられました。そこで現地のガイドに尋ねてみたところ、ハラール認証のマークだということを知ったのです。

「はじめに」でも触れましたが、イスラムの世界には厳しい戒律があり、それは食事にも大きく関わります。

ムスリム（イスラム教徒）の人たちが豚肉を食べてはいけないということは、今ではよく知られていることだと思いますが、鶏などについても定められた正規の手順によって食肉処理をしなければ食べることは許されません。また、添加物や加工方法にも独自の定めがあるのです。

ハラールとは、そもそもはイスラム法における「許可」という意味の言葉で、一般的には食べることを許された合法の食材や料理のことを指します。食べてもよいと認められた食事や料理は「ハラール認証」を受けることができ、ムスリムの人々はこれを非常に重視します。

これまで日本人にはあまり意識されてこなかったことですが、訪日外国人旅行者（インバウンド）の急増にともない、現在では日本の食品会社や飲食店にもベジタリアン（菜食主義者）も含めてムスリムの人々への対応が求められているのです。

私はムスリムやハラールについての知識がほとんどありませんでしたから、現地ガイドから教えてもらった事実は驚きの連続でした。

ムスリムの人々は全世界に16億人以上もいて、全世界の人口の約4分の1を占めていることや、今後、２０３０年には約3分の1に達し、２０７０年にはキリスト教徒の数を上回る可能性があるほどの勢いで増加していることを知ったのです。超少子高齢化で人口が減り続ける日本とは真逆の状況です。

その後、視察に訪れたタイの工場はどこも日本より清潔で衛生的でした。日本の工場の技術やオペレーションのほうが優れているなどと勝手に思い込んでいた私は本当に驚かされたのです。

日本の大手メディアの情報だけを見てみれば、イスラム世界ではテロや内戦などのニユースが多くを占めていると感じます。しかし、自分の目で見て、肌で感じたイスラムは、勝手に思い込んでいたものとはまったく違った独自の統一性や規則性、そして秩序のある世界でした。

私は考えました。世界に誇れる美味しいラーメンや日本料理を食べることができない人が世界にはたくさんいる。私が培ってきた経験と技術を使ってハラール認証のストレートスープを作ることができれば、宗教の違いを超えてムスリムの人たちにも美味しいラーメンを提供できる。それは、世界の4分の1の人の胃袋をよろこばせることにもなるし、ハラール認証のスープであれば宗教は関係なく世界中のすべての人に味わってもらうこともできる。そこに至る道は、日本から東南アジア、中東、ヨーロッパへと至る「逆シルクロード」の道でもあり、その先は遠くアフリカ大陸にまで続いている。

私にとっては遠かったイスラム世界が、スープやラーメンを媒介にして急に近い存在に感じられました。ハラールを知ったことで、私の中で食に対する血がまた騒ぎ始めていました。

## 偶然のような出会いが導いたタイ工場の立ち上げ

日本に戻った私は、漠然とイスラムについて考え始めていました。キーワードはハラール認証、鶏白湯、スープで世界平和、東南アジア……。しかし、具体的にどう動いていけばいいのか、何から始めればいいのかまったくわかりませんでした。

実現したい夢やビジネスのアイデアが閃《ひらめ》いたとき、私はできるだけ多くの人に話をすることにしています。すると、必ず協力してくれる人がどこかから現れてくれるということを、それまで何度も経験してきたからです。

2年後のある日、私の店である「麺や福十八」で友人や知り合い数人が集まり話をしていたときでした。私がハラール認証のスープの製造・販売のためにインドネシアに工場を作りたいと話したところ、たまたまキユーピー株式会社の子会社のOBで元常務の平井さんから次のような話を教えていただいたのです。

キユーピーではマヨネーズを作るのに卵は欠かせない。そのため、卵を産む親鶏を扱う子会社がある。35年以上、仕事で鶏と卵に関わってきたが、東南アジアで工場を作るならタイが最適だ。なぜなら、世界の鶏肉の４大輸出国はアメリカ、ブラジル、中国、タイだが、この中で唯一ハラール認証を受けているのがタイだからだ。今後、ＡＳＥＡＮの自由貿易協定により関税が完全撤廃される。タイのハラール認証を取得できれば、これからＡＳＥＡＮだけでなく、中東やヨーロッパの国々にも輸出することができる――。

半ば思いつきのような私の考えが、ついに形として動き始める予感がしました。私は、これまで日本で行なってきたのと同様に、スープ釜を食肉処理場に持ち込み、新鮮な原料からストレートスープを製造するというビジネスモデルを実現するため、早速タイに飛ぶことにしたのです。

## ビジネスの基本は世界共通、信頼と信用を大切にする

私はまず、タイにある数社の養鶏場や食品工場の経営者とコンタクトを取り、直接会うことにしました。その中で、特に印象に残ったのがアルバトロスという食品工場を経営するパームさんという人でした。

アルバトロスの工場はバンコクから西に約１１０キロ、車で2時間半ほどのところにあるカンチャナブリーという町にありました。この地が世界的に有名になったきっかけは、１９５７年に公開されたアメリカ映画『戦場にかける橋』のロケ地になったことでした。

第二次世界大戦の真っ只中、タイとビルマ（現ミャンマー）の国境にあった捕虜収容所を舞台に、捕虜になったイギリス軍兵士たちと日本軍の大佐の葛藤を描いたこの映画は、第30回アカデミー賞の作品賞を受賞したこともあって往年の映画ファンの中にはご存知の方もいらっしゃるでしょう。

パームさんの工場では、主にお菓子やタイカレー等のレトルト食品を製造していました。じつは当初、私はこの工場との契約は考えていませんでした。清潔で、しっかり整備されたいい工場だったのですが、残念なことに食肉処理場を持っていなかったからです。

しかし、パームさんと会って話をしてみると、その人懐こい笑顔と雰囲気に私はなぜか昔からの知り合いのような親しみを覚えていました。

工場の視察を終えて帰り仕度をしていると、パームさんは私のところにやって来て、「今日、いっしょに食事をしていいか？」と聞いてきました。私は「もちろん。ではバンコクまで行こう」と提案し、いっしょに車に乗り込んだのでした。

バンコクでは、日本でも人気のあるタイ料理の有名店「コカレストラン」で夕食を楽しみ、その後は酒を飲み、カラオケに突入しました。私は少し気を使って、「奥さんは心配していないのか？　帰らなくても大丈夫か？」と尋ねました。すると彼は「マイペンライ」と言います。

マイペンライとはタイ人がよく使う言葉で、日本語でいえば「大丈夫」「気にしない」「問題ない」という意味になるでしょう。たとえば、こちらがミスをしたとき、彼らは「マイペンライ」と言ってくれますが、逆に自分がミスをしたときでも「マイペンライ」と言って誤魔化すようなところがあります。良くも悪くも、難しいことや細かいことは気にせず、気楽にいこうというタイ人の気質が現れている言葉だとも言えます。

彼は最後までつき合い、散々飲み、食い、歌って帰って行きましたが、別れるときにはハグをするほど、お互いにすっかり打ち解け合っていました。他にも数人の経営者と会ったのですが、「いっしょにごはんを食べよう」と言ってきたのはパームさんだけだったこと、そして無邪気で憎めない性格を私は気に入ったのです。

しかし、やはり食肉処理場がないことがネックとなり、パームさんとは契約にまでは至らなかったのです。

その後、食肉処理場を持つ別の会社2社と本格的な交渉に入り、最終段階にまで進んだのですが、結局は両社とも立て続けに破談せざるを得ない状況になってしまいました。というのも土壇場になって約束をひっくり返されたためでした。

やはり、信用できない相手とは仕事はできません。ここまでに4年をかけて交渉を進めてきたのですが、すべては振り出しに戻ってしまったのです。

このとき、私には2つの選択肢が残されていました。ひとつは新たな業務提携先を探して、一から交渉を始めること、そしてもうひとつはアルバトロスのパームさんといっしょに仕事をすることでした。

新たに交渉を開始するのでは、また1年ほどの期間が必要になります。しかし、それでは日本で待っているお客様をさらに待たせてしまうことになります。それに、タイでの工場建設と稼働のために、千代田組のタイ子会社とジョイント・ベンチャー（JV）で連携していたので、これ以上の計画の延期は避けたい状況でした。

そこで私は４年ぶりにパームさんと会うことにしたのです。

## 難題を次々にクリアしてついにタイ工場操業開始！

私が再びカンチャナブリーを訪れたのは２０１６年10月の蒸し暑い日でした。久しぶりに会ったパームさんは、初めて会ったときと変わらぬ笑顔で私を迎えてくれました。

何かを予感していたのか、私がここまでの経緯を話すと、彼は細かいことは聞かずに「わかった。いっしょにやろう」と言って微笑みました。そして、私の目を見て「俺の人生は、お前にかかっている」と言いました。その瞬間、私の覚悟も決まりました。もはや後には引けません。前進あるのみでした。

まず取りかかったのは食肉処理場の選定でした。アルバトロスの工場の近隣で探したところ、車で約20分の距離にある食肉処理場のオーナーと出会うことができました。この距離と時間であれば、１日に４回は原料を工場に運び込むことができます。また、原料の鮮度は十分確保できると判断し、私は契約を交わすことにしました。

次の課題は、タイ特有の習慣への対策でした。東南アジアの国では車のガソリン代はドライバー負担であることが一般的です。経費節約のため、トラックのドライバーたちは停車をするたびに冷凍庫のスイッチをオフにしてしまうのですが、これでは輸送段階で大切なスープが腐敗してしまうリスクと常に隣り合わせです。

私は発想を切り替え、冷凍しなくてもいいスープを製造しようと考えました。そこで導入を検討したのが「ジュール加熱機」です。

ジュール加熱機とは、食品や食材に直接電気を流すことでその電気がすべて熱変換され、食材自体が発熱することで生み出されるジュール熱を利用する調理加工機器です。

メリットとしては、食品を自ら発熱させるので均一で迅速な加熱ができること、外部加熱ではないので必要以上に温度が上がらず正確な温度制御が可能なこと、そのため食材の成分の変質や変色、香り成分の揮発分解などを抑えられること、比較的小さな装置なので省スペースでの設置と稼働が可能であること、などが挙げられます。

タイ工場の稼働にあたってジョイント・ベンチャーで連携した機械系専門商社の株式会社千代田組に相談したところ、取引先にジュール加熱機を製造している会社があることがわかりました。

早速、ジュール加熱機を使い実際にスープを作ってみたところ、その効果は抜群でした。わずか10秒で１３０度まで温度が上昇するのでスープにダメージを与えることなく殺菌できます。そのため、味と香りを損なうことなくフレッシュ感を保ったスープを作ることができたのです。

ジュール加熱機を使えば、気温が40度にもなる熱帯のタイでも、レトルトパックでは実現できない良質な味と香りを保ったまま1年間常温保存できる新鮮なスープを作ることが可能になります。

さらに、袋詰めの際の雑菌混入を防ぐために無菌充填機を導入することも決めました。これで厳しい衛生管理と品質管理が求められるハラール認証にも対応することができるようになります。

当初の計画よりは数年遅れたものの、ようやくタイ工場の完成が現実のものとなってきました。日本では、運営会社として千代田組とのジョイント・ベンチャーでクックピットチヨダフード株式会社を新たに立ち上げ、私は着々と準備を進めていったのです。

## 夢は世界中の人々を笑顔にする〝国境なきスープ作り〟

こうして、2017年10月、ついにタイ工場が完成しました。気がつけば、構想から6年の月日が流れていました。

さまざまな宗教の枠を超えて、世界中の人々に美味しいラーメンを食べてもらいたい、私が作る本物のスープで世界中の人々を笑顔にしたい、そうした思いから始まったハラール認証のスーププロジェクトは、さまざまな人たちを巻き込みつつ、多くの協力を得ながら、ようやくスタート地点に立つことができたのです。

タイ工場の竣工式には、日本からは千代田組の栗田栄次社長をはじめ多くの方々に駆けつけていただきました。また、現地法人の相場寛社長やアルバトロス社長のパームさん、さらには現地スタッフも参加して式典は盛大に執り行なわれました。

私は、この日のカンチャナブリーの青空と関係者全員の笑顔を一生忘れることはないでしょう。

タイ工場竣工式の日に、クックピットチヨダフードの相場寛社長（左）と

左から三人目・栗田栄次氏（千代田組社長）、四人目・パームさん（アルバトロス社長）、
五人目・相場寛氏（クックピットチヨダフード社長）、六人目・筆者

すでにタイの工場ではハラール対応の本物のストレートスープが毎日生産されています。２０１７年２月にタイのハラール認証である「ＣＩＣＯＴＴ（チコット）」を取得しました。今後、マレーシアにも拠点を築くために当社では大東通商の協力を得て、国際的に信頼のあるマレーシア政府のハラール認証である「ＪＡＫＩＭ（ジャキム）」も取得する予定です。その先にあるのは、世界中の人々の笑顔です。

美味しいものを食べながら怒っている人など見たことはないでしょう。世界中の人々が私のスープを味わって、ラーメンを食べて「争い合うなんて馬鹿らしいことだ」と思ってくれるなら、これほどうれしいことはありません。

笑われるかもしれませんが、私は本気で〝スープで世界平和〟を目指しています。私が作るスープなら、それができると信じています。なぜなら、美味しいものを食べることは人生でもっとも大切で幸せな瞬間だと思っているからです。

# 第5章

# 失敗を恐れずに
# 最初の一歩を踏み出せ!

## 人生の節目を前に、これからどう生きるかを考える

50代後半に入った頃、ふと自分の年齢と死について考えたことがありました。

今でも普段は年齢のことなど考えもしません。いくつになっても若い気になって、落ち着きのない私ですが、さすがに60歳という人生の大きな節目を前に少し立ち止まって、これからの人生について考えたのです。

自分の親が亡くなった年齢を意識する人は多いと思いますが、私も思い出したのは父のことでした。

父は65歳で亡くなりました。当時、あることをきっかけに仲たがいしていた私たちは、お互いに頑固だったこともあり、最後まで素直になれませんでした。それでも死に目に会え、最期を看取ったときの柔和な父の死顔を見たときに、私は救われた気がしたと同時に後悔の念に駆られたものでした。

もちろん、親と同じ年齢で自分の寿命が尽きるという根拠などありません。しかし、人生のひとつの指標として考えたとき、仮に自分が親と同じ年齢まで生きるとしたら、「これ

からの人生、お前はどう生きるのか」と、60歳を前にあらためて突き付けられたような気持ちになったのです。

49歳でクックピットという会社を立ち上げた〝遅咲き〟の私ですから、まだまだ会社の盤石な体制を築くなど程遠く、事業承継について考える余裕もなく、日々がむしゃらに仕事をしていました。

しかし、仮に自分が65歳まで生きるとしたら、残された時間は10年もありません。「お前はがんばった。このままの状態を維持して、数年後には引退して悠々自適な生活を送るのもいいのではないか」
「いや、それは違う。お前には全国に多くのお客様がいて、さらにその先には、それぞれのお店のお客様もいる。お前のスープが求められる限りは、まだまだやるべきことがあるはずだ」

自分の中で、さまざまな思いが交錯しましたが、やはり考えたのは自分が亡くなった後に残された人たち、家族や従業員、そして全国のお客様に迷惑はかけられないということでした。そこでまずは自分がいなくなっても、しっかり会社が回っていく仕組みを再構築し、社内の体制を整備していきました。

これで少しは安心できたものの、自分の心の中には何やら燻《くすぶ》っているものがありました。気づけば自分は60歳。タイ工場の建設は、なかなか計画通りに進まず、まだ先の展開を見通せない頃でもありました。

そんなときにお会いしたのが、日本の外食産業のトップを走り続けてきた日本ケンタッキー・フライド・チキン（KFC）元社長の大河原毅《おおかわらたけし》さんでした。

## 業界の大先輩から気づきとやる気をいただく

大河原さんは日本ケンタッキー・フライド・チキンの創業時のメンバーとして1号店の店長を務め、その後は不振の事業を革新的なアイディアと行動力で立て直し、多くの逆境を乗り越え、経営トップとして黄金時代を築いてきた方です。

60歳で退任した後は、ご自身の会社を合併等で新たに設立され、現在も食と食文化に関する事業を精力的に推進しておられます。

北海道の農場「ハーベスター八雲《やくも》」は、もともとは大河原さんが養鶏の実験農場として始めたもので、ハーブ原料を混ぜた飼料で育てる〝ハーブ鶏〟は肉に臭みがなく脂肪分が少ないことから、今では全国的に人気のブランドに成長しています。

また、農作物の収穫体験ができ、採れたての野菜を使った料理を提供するレストランを併設した観光農園は今では全国にありますが、ハーベスター八雲は日本における先駆けとも言える存在です。

こうした革新的な農場を30年以上前から経営されているのですから、大河原さんの先見性の高さと実行力には驚嘆するばかりです。

２０１７年2月、私は「ＮＰＯ法人日本食レストラン海外普及推進機構」（ＪＲＯ）の活動のためにインドネシアに滞在していました。そこで、ＪＲＯの理事長を務めておられる大河原さんとご一緒させていただく機会を得ることになりました。

私は、外資系外食チェーンでの仕事や美味しい鶏へのこだわり、それに誰もやらない未知のビジネスへの挑戦という共通点から勝手に親近感を持ち、お会いできるのを楽しみにしていたのです。

大河原さんとの旅先での会話は、ビジネスから日常の話まで多岐にわたりました。そして私は大きな刺激と気づきをいただいたのです。

大河原さんは健康増進と維持のために、日本にいるときもほぼ毎日水泳をしていると言います。インドネシア滞在中も毎朝6時にプールで泳いでいると言うので、私はグダグダと朝を過ごしている自分に喝を入れるため、大河原さんに同行することにしました。

1時間ほど泳ぎ、サウナに入り、その後に朝食をとっていると、大河原さんは、「本間君は、おもしろいビジネスをしているね」と言います。そこで、ハラール対応のスープ事業のお話をすると、「インドネシアに拠点となる支社がある。そこからイスラム諸国、さらにはヨーロッパやアフリカまで展開することができる。いつでも相談してくれ」とおっしゃいます。

そして、会話は年齢の話になりました。

「本間君は、いくつになったの？」

「60歳になってしまいました」

「そうかい。いいなぁ、まだ若くて」

「いやぁ、もう若くもないですよ」

「仕事も人生も、まだまだこれからじゃないか。ワクワクするなぁ」

そう言うと大河原さんは、血色のいい顔をほころばせて満面の笑みを浮かべました。

私はハッとしました。10歳以上も年上の大先輩は60歳を過ぎてからもエネルギッシュに次々に事業を立ち上げて、70歳を過ぎても現役バリバリで活躍している。常に前向きで行動的だ。健康にも気を使い毎日体を動かしている。それに、周囲の人間を元気にする明るさと大らかさもある。

それに比べて、私はあと数年もしたら引退しようかなどと考えている。そんな自分が恥ずかしくなると同時に、元気で体が動く限りはまだまだ仕事を続けていかなければいけないと思い直したのです。

大河原さんは、現在の事業も好調で次々に幸運なことが起きていると言います。もちろん、ここまで困難なことも、上手くいかないことも山ほどあったでしょう。それでも、常に努力を怠らず経営を続けてこられた積み重ねが実を結んだ結果の幸運なのだとも思います。

私は、大河原さんとご一緒させていただいて、ビジネスで成功するために本当に大切なことは何かということにあらためて気づいたのです。

## ビジネスで成功するために必要な5つのこと

ビジネス書や自己啓発書、ネットなど、世の中にはさまざまな〝経営のヒント〟や〝成功の秘訣〟〝幸運の引き寄せ法〟などの情報があふれています。

「Aが大切」という情報が支持され広まると、それを利用しながら補完するように「Aも大切だが、本当に重要なのはBだ」、あるいは逆説的に「AもBも必要ない。本当に大切なのはCだ」といった具合に、次々と切り口や視点を変えてコンテンツが増産されていきます。

しかし、本当に大切なことは至ってシンプルです。

常に前向きでポジティブであること。
仕事を楽しみ、自ら能動的に行動し続けること。
明るく大らかで人を大切にすること。
健康であること。

そして、過去ではなく、今に生きることです。

「そんなことはわかっている」という声が聞こえてきそうですが、頭でわかっているだけの人と、実際に人生で実践している人とでは、得ることができる成果に天と地ほどの差があるのではないでしょうか。

シンプルなことだからこそ実践し、継続していくのは難しいものですが、そこにこそ人生やビジネスの本質があるのだと思うのです。

誰しも、順風満帆に人生が進んでいくわけではないでしょう。これまでの私の人生も上手くいかないことの連続でした。しかし、いつも自分の仕事を楽しみながら、前を向いて生きてきました。人とのご縁を大切にしながら、ここまで多くの人に支えられて仕事を続けてきました。

ビジネスにおける成功とは、数字だけを追求して売り上げ至上主義になることでも、会社の規模を大きくしたり店舗数を増やすことだけではないでしょう。

あれこれと頭の中で考えすぎて、自ら問題を難しくする必要はありません。二度と戻れない過去を悔んだり、まだ見ぬ未来を思い煩ったりするのは無駄なことです。

右の５つのことが実践できていれば、たとえ失敗したり、上手くいかないことがあっても、何とか乗り越えられる、いずれは幸運も引き寄せられてきて、最後には成功をつかむことができると思うのです。

大河原さんは、「ＫＦＣ時代は自分の人生の一部でしかない。今が一番幸せだ」と言います。そして、「ＫＦＣと比べれば自分の会社は小さなものだが、規模や売上げが大きくなることが最善だとは言えない。会社にとって大切なことは、生産者も含め、働く人たちとお客様の幸せの総和が大きくなること、そして自分の仕事に対して納得、満足できることだ」と言います。

インドネシアの空の下、私は大河原さんのお話を聞きながら、今取り組んでいる自分の仕事に幸せとよろこびをを感じていました。それはステージの違いこそあれ、私と大河原さんの価値観がシンクロしていたからです。

大河原さんのような生きた手本、目標にできる最高の先達が身近にいることは、つくづく幸せなことだと感じると同時に、これからの人生における大きな励みにもなっているのです。

## 副業で始めたラーメン店で第2の人生が輝き始めた

ご自身の納得と満足、そして幸せのためにラーメンの世界に足を踏み入れ、開業したある方のお話です。

情報システム開発会社を経営しているＵさんから当社に連絡をいただいたのは２年ほど前のことでした。

創業から約30年、技術革新の目ざましいＩＴ業界で業績を上げ続けてきたＵさんは当時60歳。常に人材不足が叫ばれている業界ですが、経営を任せられる人材が順調に育ったこともあり、そろそろ一線を退いて、第２の人生を楽しみたいと考えているとおっしゃっていました。

そこで会社は幹部に任せて、ご自身は会長職となったことを機に副業的にラーメン店を始めたいという思いから当社の「味分け」の研修を受けに来られたのでした。

「なぜ、ラーメン店なのですか？」と質問したところ、Ｕさんは料理が趣味で、以前からホームパーティを開いては社員のために料理をふるまってきたと言います。もちろん、食べることもお好きで相当のグルメでしたが、やはりラーメンが大好物でよく食べ歩きをしていたそうです。

「自分の手で本当に旨いラーメンを作って、お客様をよろこばせることができたら最高じゃないですか。仕事でコンピュータばかりいじってきましたが、本来は人とふれあうことが好きなんでしょうねぇ」

そう言いながら笑うUさんは、人生の楽しみ方を知っているのでしょう。とても素敵な人だと感じました。

研修中は、楽しそうに新しいことを吸収している様子が印象的でした。Uさんは料理が趣味と言うだけあって、さすがに調理の手際がよく、会社の経営を30年も続けてこられた人ですから店舗運営のノウハウについてもすぐに理解をしていました。

3日間の研修で手ごたえを感じたUさんのその後の行動は素早く、わずか1カ月後には神奈川県内にラーメン店を開業しました。

Uさんは言います。

「おかげさまで、開店してから1年半、これまで一度も赤字の月はありません。アルバイトを1人雇って、あとは自分ができる範囲で無理のないペースでやっています。

もうこの年齢だから、どんどん店舗数を増やしていきたいとか売り上げ目標がいくらとか、そういうことは考えていません。ただ、オリジナルな味の追求も含めて、自分がこれからどれだけ旨いラーメンを作ることができるようになれるかには、ちょっとこだわりたいと思っています」

私は、Uさんの思いに共感しました。そして、今後の展開についてもしっかり考えておられることに感心しました。

「これから、うちの会社の社員が定年退職した後にラーメン店が受け皿になると、おもしろいのではないかと考えています。もちろん、ラーメン店をやりたいことが条件になりますが。

定年で会社を辞めてから、やることがなくて急に老け込んだり、うつになってしまう人もたくさん見てきました。そうしたことを防ぐためにも、今後、本格的にやってくる超少子高齢化の時代では、中高年の人こそ私のように毎日体を動かして人と触れ合うことが大切なのではないかと思うのです。

それに、あまり好きとは言えない仕事を我慢して続けてきたのであれば、定年を迎えてからでも自分の人生を取り戻すのは遅くないでしょう。そうした人には、味分けシステムでの開業は無理なく始められると思います」

60歳なんて、まだまだ若い。人生これからですとUさんは言います。

「何より、人から求められる存在であり続けることは大切です。ラーメン店なら、お客様から求められて、よろこばれるのだから、やりがいがあるし今後の人生の生きがいになります。まだまだ長い人生、そうした生きがいがないとつらいばかりです。年金暮らしで、家でひまを持て余す生活なんてつまらない。私はまっぴらです。

本当は早く会社の経営から身を引いて、ラーメンの仕事一本でやっていきたい気持ちもありますが、これからもできるだけ長く続けていきたいですね」

Uさんの場合、趣味が副業となり、さらに第2の人生を豊かに生きるための生きがいに発展していったという好例だと思います。

時代が大きく変化し、パラダイムシフトの真っただ中にいる今、これからどう働き、どのように生きていけばいいのか、すべての日本人が問われているように思います。

先が見えない時代では、不安や心配は当然あります。しかし、既存のやり方や価値観が通用しなくなっていくのですから、逆に考えれば誰にでも大きなチャンスがある時代だとも言えるでしょう。

定年を迎えたサラリーマンの方や主婦の方、もちろん若者も含めて多くの人がラーメンの世界に入って来てチャレンジすることで、幸せと豊かさという果実を手に入れていただきたいと願っています。

## 人生を前に進めるキーワードは「知覚動考」

３年ほど前、友人の幸尾《こうお》さんとビジネスの話をしていたとき、彼がこんな話をしました。

「本間、この文字、何と読むか知っているか？」

そう言いながら手帳に書いたのが〝知覚動考〟という言葉でした。

知覚動考とは、禅宗における先人たちの言葉である「禅語」だそうで、①知って、②覚えて、③動いて、④考える、というように人が成長していくための行動の順番を表しているとされます。

「〝ちかくどうこう〟ですか？」

「読み方を変えたら〝ともかくうごこう〟とも読めるだろう。物事を知って、覚えたら、まず動くことが大切で、考えることは最後だ。ともかく、動くことが大切だという意味だ」

なるほど、禅問答か頓知のようで、上手いことを言うものだと感心しました。それで当社の社訓にすることにしたのです。

レッドロブスターで働いていた頃、当時の親会社のジャスコの方針で「アクション&シンク」という言葉が従業員の行動指針として盛んに言われていました。私は元来、考える前に嗅覚や肌感覚で感じて動いてしまうような人間だったため、当時はあまり深く考えなかったのです。しかし、アクションが先にきていることには意味があったと、あらためて納得したのでした。

誰しも最初の一歩を踏み出すのは勇気のいることです。あれこれ考えてしまい、堂々巡りに陥った挙句、結局は行動することができずに終わってしまったり、動いた頃には時期を逸してしまっていたり、という経験をした人も多いことでしょう。つまり、「知覚考動」

になってしまっているわけです。

「幸運の女神には前髪しかない」といわれます。自分の前に幸運の女神が来たときには迷わず前髪というチャンスをつかめ、通り過ぎてからつかもうと思っても後ろ髪というチャンスはもうないのだから、という意味です。

こういうと語弊があるかもしれませんが、私はこれまでの人生では自信を持って間違えてきました。もちろん、最初から間違いだと思うことに手を出したりはしません。しかし、間違いかどうかはわからないし、確信は持てなくてもチャンスと感じるなら、自信を持って選択し、前に進んできたのです。

自信を持って進んでいるから不安よりも期待のほうが大きくいられるのです。どうすれば自分の願望が叶うかという方法を考えるのではなく、自分が叶えたい願望にフォーカスしているから、常に行動的なのです。それに、選択を間違えることは大きな学びを与えてくれます。学ぶ必要があったから間違えたと思えば、失敗も前向きにとらえることができます。

進んでいった先々では、さまざまな人や物に出会い、そのご縁にぶつかって、また人生が変化していきます。変化は必然です。

水や空気は流れが止まってしまえば、淀んで腐敗します。血液が流れなくなれば人間も動物も死んでしまいます。さまざまな縁に出会い、人生が動いていかなければ運気も停滞してしまうでしょう。

失敗するのが怖い、損をするのは嫌だという人も多いかもしれません。しかし、本当の失敗や損は何もせずに後悔することではないでしょうか。

私は「あのとき、やっておけばよかった」と後悔するよりも、「あんなことはやらなければよかった」と後悔する人生を選んできました。もちろん、多くの失敗を重ねてきましたが、そのプロセスの一つ一つが私の人生に学びと彩りを与えてくれているのです。

## 自分の考えを人に伝えることで思いは現実化していく

それでも、どうしても自分から動くことができないという人もいるでしょう。私はそれでもいいと思うのです。人には、それぞれの役割があるからです。

たとえば、城の石垣というのは大きな石ばかりで組んでも脆く崩れてしまいます。形も大きさもバラバラな石を適材適所に組み合わせていくことで堅牢な石垣が完成します。

私の会社でも「福のれん」時代から私を支えてくれている仲間たちも含め、それぞれ個性の違う社員たちがいるからこそ私は社長を続けていられるのです。一人でも欠けていれば、今のクックピットにはなっていなかったでしょう。

板前の世界にもラーメン店にも持ち場があります。どの業界、企業でもそれぞれの役割によってやるべき仕事があります。切り込み隊長のように突き進んでいく役割の人もいれば、縁の下の力持ちとしてみんなを支える役割の人もいます。

もちろん、どの仕事が良くて、どの仕事は価値がないなどということではありません。どの仕事もすべてなくてはならない大切な仕事です。

ただ、自分にはもっと違う役割があると思っているなら、自分の中にある思いや願望を形にして人生を変えたいのなら、自分が思いついたビジネスのアイディアを実現したいと考えるなら、その思いや考えをまずは口に出して人に伝えることから始めてみるといいと思います。なぜなら、自分の思いを相手に伝えることで物事は動き出し、現実化していくからです。

私の場合、ビジネスのアイディアが閃いたときは、積極的に人に伝えることにしています。そのアイディアは人を介して、また誰かに伝わっていきます。すると、そのうち有益な情報が集まってきたり、手助けをしてくれる人が現れるということが今まで何度もありました。

あなたのアイディアや願望を心の中にしまっておく必要はありません。何でも一人でやらなければいけないなどと考える必要もありません。素直に手助けを求めれば、協力してくれる人は必ず現れます。たとえ突飛なアイディアであっても、それをおもしろがってくれる人もいます。

初めは面白半分で、「おかしなやつがいる」という感じであなたの話を聞いているだけかもしれません。「実現するのは難しいだろう」と思いながら、それをおもしろがっているだけかもしれません。しかし、そのうちに「実現するかはわからないが、最後まで見届けてやろう」と思って協力してくれる人が出てきたり、一緒になって祭りに参加したいと言ってくれる人が現れてくることもあります。

黙っていたら、誰も動いてはくれません。あなたが周囲の人に発した言葉や思いから物事は始まるのです。

仮に断られたり、誰も動いてくれなくても落ち込む必要はありません。なぜなら、あなたはその時点では何も失ってはいないですし、あなたが立っている場所は後退したわけでもなく、最初と何も変わらないからです。その場所から、またゼロから始めればいいだけです。

一歩踏み出す勇気を持てないとき、何をどのように始めればいいのかわからないときは、まず自分の思いや考えを口に出して周囲の人に伝えてみてください。それだけで未来は動き出すのですから。

## 現代人にも大切にしてほしい出水兵児修養掟の精神

クックピットの工場のひとつがある鹿児島出水市には、「出水《いずみ》兵《へ》児《こ》修養《しゅうよう》掟《おきて》」という教えが今も残っています。

江戸時代、出水市は薩摩藩の北端にあり、肥後藩との国境近くに位置する薩摩の表玄関であり、要衝の地でした。そのため、外部からの侵入を防ぐ目的もあって武道が盛んであったといいます。そこで育まれたのが、薩摩藩最強の武士団と言われた「出水兵児」でした。

薩摩藩には郷中《ごじゅう》教育という独特の教育制度がありました。郷中教育とは、地域ごとに6～15歳くらいの武士の少年が集まり、縦割りで教育されるシステムです。この年代の子供たちは「稚児《ちご》」と呼ばれ、彼らの世話をするのが15～16歳から24～25歳の「二才《にせ》」と呼ばれる先輩たちでした。

後輩は先輩に絶対服従という上下関係の厳しい世界の中で、先輩たちがサポートしながら稚児たちは自学自習をしていきます。その中でも特に重視されたのが「詮議《せんぎ》」と呼ばれた議論の場でした。

たとえば、起こり得る状況だが簡単には答えが出ないような場面を仮定して、それぞれが自分ならどうするかを述べ合いながら、みんなで議論を重ねてくのです。こうした教育の中から育っていったのが幕末から明治にかけて、日本のために大きな仕事を成し遂げた重要人物である西郷隆盛や大久保利通たちでした。

薩摩藩では「薩摩を守るのは城ではなく人である」という代々の藩主の考えから「掟」を作って青少年たちに守らせたといいます。

出水兵児修養掟は、こうした薩摩の風土と歴史の中で形成されてきた武士の心構えを少年たちに教えるためのものですが、現代人にとっても重要な教訓であり、教えだと思うのです。

私は、この掟に込められた魂に出会ってから、精神的な支柱として大切にしています。人生に迷ったときには読み返し、自ら答えを探し、導き出すのです。

ここに全文を掲載します。ぜひ参考にしていただければと思います。

「出水兵児修養掟」

（原文）

士《し》ハ節義《せつぎ》を嗜《たしな》み申すべく候《そうろう》。

節義の嗜《たしな》みと申すものは口に偽りを言ハず身に私を構へず、心直《こころすなお》にして作法乱れず、礼儀正しくして上《かみ》に諂《へつ》らハず下《しも》を侮《あな》どらず人の患難《かんなん》を見捨てず、己《おの》が約諾《やくだく》を違《たが》へず、甲斐《かい》かいしく頼母《たのも》しく、苟且《かりそめ》にも下様《しもざま》の賎《いや》しき物語り悪口など話の端《はし》にも出さず、譬《たとえ》恥を知りて首刎《は》ねらるゝとも、己が為すまじき事をせず、死すべき場を一足《ひとあし》も引かず、其心《そのこころ》鐵石《てっさき》の如《ごと》く、又温和慈愛《おんわじあい》にして、物の哀れを知り人に情《なさけ》あるを以《もっ》て節義の嗜みと申すもの也《なり》。

（口語訳）

人は正しいことをしないといけない。

正しいこととは、うそを言わないこと、自分よがりの考えをもたないこと、素直で礼儀正しく、目上の人にぺこぺこしたり目下の人を馬鹿にしたりしないこと、困っている人は助け、約束は必ず守り、何事にもいっしょうけんめいやること、人を困らせるような話や悪口などを言ってはいけないし、自分が悪ければ首がはねられるようなことがあってもべんかいしたりおそれたりしてはいけない、そのような強い心を持つことと、小さなことでこせこせしない広い心で、相手の心の痛みが分かるやさしい心を持っているのが、立派な人と言えるのです。

（引用：出水市ホームページ）

## いつの時代も対岸にチャンスあり

私の母は、東京・木場の商家の生まれで、第二次世界大戦を生き延びた人でした。今ではすっかり年を取ってしまいましたが、まだ若い頃はチャキチャキの江戸っ子で、大工だった父と若い衆たちの面倒をよくみて、家を切り盛りするしっかり者の女性でした。

私が小さい頃、母が戦時中の話をしてくれたことがありました。

１９４５年の東京大空襲のとき、母はまだ小さな弟たちを連れて、雨のように降る焼夷弾の中を逃げたと言います。辺り一面は火の海で、逃げ惑う人たちは避難場所とされた公園や広場に押し寄せ、猛火から逃れるために川に飛び込む人も多くいたそうです。

しかし、そうした人の多くは巻き起こる激しい火炎旋風に焼かれて亡くなってしまったと言います。祖母は行方不明となり、探しに行った伯父も帰って来ませんでした。結局、このときに家族の多くも亡くなったのでした。

降り注ぐ焼夷弾と炎を避けながら、どこをどう逃げたのか、無我夢中だった母はよく覚えていないと言います。しかし、なぜか多くの人が逃げていく流れにはついていかなかったそうです。本能的に危険を感じ取り、行動したことで生き延びることができたのでしょう。

そうした母の直感が働かなければ私は生まれてくることができなかったでしょうから、運命の分かれ目というのは不思議なものです。

ビジネスの世界では、レッドオーシャンとブルーオーシャンという概念があります。ラーメン業界でいえば、競争の激しいラーメン店の世界はレッドオーシャンで、競合の少ないストレートスープの製造・販売の世界はブルーオーシャンと言えるでしょう。

もちろん、どちらの海が良いとか、有利とかは一概に言えるわけではありません。レッドオーシャンで成功する経営者もいれば、淘汰される経営者もいます。逆もまた然りです。真水と海水それぞれでしか生きられない生物がいるように、経営者にしろ従業員にしろ、結局は自分が生きやすい場所で生きていくのが最善の道なのかもしれません。

私は戦略的に競合の少ないブルーオーシャンを選んでクックピットという会社を立ち上げたわけではありませんでした。自分の直観に従い、自信を持って間違え、時に流されながら、辿りついたのがストレートスープの製造・販売という事業だったのです。

ただ売り上げを伸ばせばいい、自分さえよければそれでいいという考えでは、とてもここまで仕事を続けてはこられなかったと思うのです。人を裏切らず、義理と人情と人とのご縁を大切にしながら仕事を続けてきた結果として、今があるのだと思っています。

私の人生はいつも、それまでの道から外れ、周囲からは無謀な選択だと思われるような

近年はメディアにも積極的に出演。左：丸山千絵子氏、右：大塚亮孝氏

方向に進んでいったと思われるかもしれません。しかし今、振り返って思うことは、いつの時代も対岸にチャンスあり、ということです。

人とは違う道を歩み、自分を信じて突き進んだ先に大海が広がっていたのです。クックピットという会社は小さな船ではありますが、大海を渡っていくための大切な船でした。そしてこの船は、私と仲間たちを乗せて、さらに大きな未知なる大陸を目指して出航したのです。

今、私のストレートスープは全国のラーメン店をはじめ、多くの飲食店のオーナーの方々に必要としていただいています。そして、その先には私のストレートスープを味わっていただいている各店のお客様がいらっしゃいます。その数は、私がラーメン店チェーンを経営していたときの何百倍、何千倍にもなっているでしょう。

そして今後は、ハラール対応のストレートスープの世界販売が始まります。世界の人口の4分の1以上の人々を笑顔にできる可能性があることを考えると、私はワクワクします。そして、この事業にかかわる多くの方々の期待を思うとき、大きなやりがいと責任を感じるのです。

先日、中国の武漢《ぶかん》市にある企業との間でハラール対応ストレートスープの契約がまとまりました。武漢市は長江中流域最大の都市で、人口は1000万人を超えます。

遅咲きの私の挑戦は、まだ始まったばかりです。

巻末特別対談

# 世界の胃袋はトリでつかむんです


クックピット株式会社　代表取締役社長

本間義広

株式会社ジェーシー・コムサ　代表取締役ＣＥＯ

大河原　毅

クックピット株式会社　代表取締役社長

## 本間義広

１９５７年、東京都生まれ。服部栄養専門学校を経て、和食の板前として飲食業界に入る。10年間の板前修業を経て、外資系レストラン「レッドロブスター」にてスーパーバイザーを務める。１９９２年、豚骨ラーメンの老舗「赤のれん」での修行をスタート。２００６年、業務用ストレートスープの製造・販売を行うクックピット株式会社を設立、代表取締役社長に就任。

株式会社ジェーシー・コムサ　代表取締役 CEO

## 大河原　毅

１９４３年、神奈川県生まれ。上智大学経済学部卒業。１９７０年、日本ケンタッキー・フライド・チキン株式会社に入社、直営第1号店の店長を務める。副社長時代の１９８３年、ハーバード大経営大学院ＡＭＰ修了。１９８４年、代表取締役社長に就任し、以後18年間にわたりマネジメントを統括、業界オンリーワンの地位を築き上げる。２００７年より現職。

## 大切なのは本物の素材と味を知っていること

**本間**　初めてお会いしたのは2017年2月、インドネシアのホテルのプールでした。

**大河原**　そうでしたね。毎朝6時から2人で泳ぎました。

**本間**　外食ビジネスの世界で生きているなら大河原さんのことを知らない人間はいないと思います。もちろん私も存知上げていましたが、実際にお会いした第一印象は目が光り輝いているなと。『巨人の星』の星飛雄馬のように目が燃えていましたよ、本当に！

**大河原**　そういえば……私をケンタッキー・フライド・チキン（KFC）にスカウトしてくれたのは当時のアメリカ本社の副社長で日本のKFCの生みの親でもあるロイ・ウエストンさんでしたが、彼が私に言った言葉は「Star in Your Eyes!（キミの瞳は輝いている）」でした。

**本間**　彼は大河原さんの才能を見抜いていたのでしょうね。

**大河原**　男に口説かれたのは、このときが生まれて初めてでした。

**本間**　その目の輝きの元、エネルギーの源泉は何なのでしょうか？

**大河原**　好きなことをしていて、幸せだからでしょう。

**本間**　好きなことができる境地と立場に到達するまでには、並大抵の努力ではなかったと思います。

**大河原**　ＫＦＣの立ち上げを苦労とは感じなかったし、むしろ一番楽しかった時代ですね。倒産寸前までいって、スタッフたちと店で寝起きして、床を這いずり回って仕事していましたが、その頃のエピソードはＫＦＣのＯＢ会でもいまだに伝説になっていますよ。

**本間**　ＫＦＣの日本第1号店の店長を務められていますね。

**大河原**　私は本社勤務を断って、現場の仕事から入って一から料理を覚えたいと思いました。本間さんも板前修業から入っている。お互いに会社が上手くいっていたときばかりじゃないですし、今までたくさん失敗もしてきている。我々は、じつに多くの共通項がありますよ。初めて会ったときに、何か似たものを感じましたから。

**本間**　ありがとうございます。今日はＫＦＣ時代のお話から現在、そして未来までのことをお聞きしたいと思っています。仕事のことだけでなく、人生観まで伺えたら幸いです。

大河原さんはＫＦＣで足かけ32年、２００２年に退任されるまで18年もの長い間、社長を務めておられました。日本のファーストフードの道を切り拓き、歴史を作ってこられたわけですが、その裏ではいろいろとご苦労もあったと思います。

**大河原**　納得のいかないことについては、アメリカ本社の幹部たちとは何度もケンカをしましたよ。「ゲッダウン！」とか「サノヴァビッチ！」なんてスラングでやり合って。まぁここでは日本語の意味は言いませんけれど(笑)。「オオカワラはジャパニーズ・ヤクザか？」と言われたこともありました。もちろん、自分のためだけの戦いではありません。私には常に社員という仲間がいましたから。譲れないことは大きく2つありました。ひとつは、本物の味へのこだわり。そして、もうひとつは幸せの追求です。

**本間**　それは私もよくわかります。食へのこだわりと本物の味を守り続けるという部分は、料理人としても経営者としても譲れないところです。

**大河原**　私はカーネル・サンダースの一番弟子だと思ってきましたから、カーネルさんから直接教わった製法を頑固に守ってきたわけです。素材の良さ、手作りの良さといったものをずっと追求し続けてきたのです。なぜならシンプルに、それが一番美味しいからです。

私が社長を務めていた当時、ＫＦＣは世界１０８カ国で展開していましたが、アメリカ本国も含めてカーネルの製法を守っていたのは、実は日本だけだったのです。

**本間**　その製法とは、どういうものなのですか？

**大河原**　カーネルの製法は、彼が49歳のときに完成させた「ミルク＆ディィップ」と呼ばれるものです。新鮮な鶏肉をひとつずつ卵とミルクのつなぎ液にくぐらせ、秘伝の11種類のスパイスとハーブを合わせたフラワー（粉）をつけるという手間のかかるものです。これを綿実油とコーン油をブレンドしたものでカラッと揚げるのです。

**本間**　私も以前は江戸前天ぷら店で板前をやっていましたから、油の大切さは理解しています。アメリカ人の味覚のことはよくわかりませんが、日本人であれば、やはりカラッと揚がって、サクッとした食感でなければいけません。ベタッとして重いのはいただけません。

**大河原**　本間さんのすばらしいところは、料理人ですから本当においしいものを自分の手で生み出せるところですよ。日本人の繊細な料理の技を継承し、粋の世界を知っているのは食のビジネスでは大きな強みです。

**本間**　恐縮です。中途半端なまま、ここまできてしまいました。

**大河原**　本間さんの場合は、いい意味で遊びや失敗が全部肥やしになっている。ここまで、いろいろなことをやってきていますから、その経験がなければ今の事業はできなかったでしょう。

**本間**　さまざまな経験といえば、アメリカではＫＦＣの親会社が何度も変わっていますね。

その度に、どのような戦いが繰り広げられたのでしょうか？

**大河原**　コングロマリット（巨大複合企業体）が会社を買収すると当然、効率化とシステム化を求めてきます。より簡素化した工程で大量生産、そして最後は必ず「利益、利益」と言ってきます。アメリカのＫＦＣの親会社がペプシコから分離独立したトライコン・グローバル・レストランズという会社に代わった頃、本社で開かれた会議で「金と手間がかかるミルク＆ディップはやめて、粉と水だけ。油は価格の安いパームオイルに代えろ」という話がありました。これをグローバル化と称して、全世界のスタンダードにするというわけです。そのやり方で、美味しいものが作れればいいですが、残念ながら美味しくない。だから、私は一貫して本社の意向に「ＮＯ！」と言ってきたわけです。

**本間**　仮に「ＮＯ！」とは言えても、それを最後まで貫くことができる日本人はほとんどいなかったでしょうね。

**大河原**　アメリカ本社のトップが、わざわざ日本に乗り込んできたこともありました。「日本だけが従わない。それはＮＯだ」と。そこで、伝統の製法で作ったフライドチキンを食べさせたら目を丸くして、「こんなに旨いチキンは初めて食べた！」と（笑）。それはそうでしょう。しかも、しっかり利益を上げているのだから。それ以降は一切文句は言われなくなりました。目先の利益、クイックマネーを求めるなら確かに効率化もいいでしょう。しかし、長い目で見れば時間が経過するとともに必ずダメになっていきます。日本のKFCが長く愛され続けているのに対して、アメリカなどで業績が落ちていったのは、そうした理由もあったと思います。

## ひとつのことを一生懸命に突き詰めていくと閃く瞬間がある

**本間**　2002年に社長を退任されてからは、KFCから買い取ったご自身の会社の経営にシフトされました。「辞めるのはもったいない」とか、「まだ続けてほしい」とか、周囲からはさまざまな声もあったと思いますが、決断に至った背景にはどのような思いがあったのでしょうか？

**大河原**　当時、日本のKFCでは、ケンタッキー・フライド・チキンとピザハットの他に和食部門のコムサネットという会社を事業展開していました。この会社は、今後の日本が直面する高齢化社会を見据え、日本人は食の原点に立ち返る必要があると考えて私が社内起業で立ち上げたものです。同時にファーストフードへのカウンターという意味もありました。

アメリカ本社としては和食部門からはロイヤリティが取れませんから重要な会社ではなかったのです。私としては18年も社長を務めたので、そろそろ自由になりたかったし、自分の会社であれば思う通りの経営を徹底してやっていくことができます。もう妥協しなくていいのだから、経営者としてこれほど幸せなことはありません。そこで、社長を退任するタイミングでMBO（マネジメント・バイアウト）で私が買い取り、妻が経営する食品メーカーであるジェーシー・フーズネットと合併して株式会社ジェーシー・コムサを立ち上げたのです。もちろんKFCには一切の債務は残さなかったし、完全燃焼での引退でした。

**本間**　自由を手に入れ、幸せの追求に向かったわけですね。

**大河原**　とことん食についてこだわり、一生懸命に仕事をしていくと帰結するところは一緒なんですよ。というのは、食べ物というのは自然のものですから嘘と誤魔化しが効かない。結局、一番確かなことは品質の良い素材を痛めないように加工すること、それをお客様の口に入れるということ。時代が変わっても、この原点はまったく変わらない。だからこそ食にこだわりたい。お客様、従業員、生産者、株主、そして経営者も幸せになる会社を創りたいと思った。それがKFCを辞めて自分の道を歩み始めた一番の理由でした。

**本間**　まったく同感です。味の良さは素材の良さと新鮮さでもあります。

**大河原**　本間さんは料理人だから、よくわかっている。原点に忠実な仕事をしている。お客様に少しでも美味しいものを食べてほしいと思えば、最終的には素材の良さ、新鮮さに行き着くのです。そして、素材の良さを生かしながらできるだけ傷めず、いい味を抽出できるシステムを使う。そこも我々が共通しているところです。

**本間**　大河原さんの鶏へのこだわりと造詣の深さは半端なものではありません。そこも私が非常に尊敬しているところです。

**大河原**　カーネル・サンダースの自宅の裏庭にはハーブ畑や綿実畑、コーン畑がありました。ここで油を絞って、ハーブを採って、フライドチキンを作ったわけです。鶏は放し飼いで、その辺りを歩いてコーンをついばんで育ったものです。つまり、自分の裏庭から全部の原料が採れたわけで、これがKFCの原点なのです。私が国産鶏にこだわってきた理由は大きく2つあります。ひとつは素材の鮮度です。日本には中国やブラジル、タイなどから鶏肉が輸入されています。もちろん、値段は安いし効率がいい。しかし、やはりフレッシュな国産鶏肉と冷凍物では味も香りもまったく違います。

**本間**　実際に食べ比べてみれば、その違いがわかります。

**大河原**　やはり、素材の真価がもっともわかるのは鮮度の良さです。鮮度のいい鶏肉は弾力があって、持ったときの感触が違う。それに見た目も美しいし、匂いが芳《かんば》しい。そうした人間の五感というのは、人間が手で料理をして、口で食している以上、どれほど科学が進歩して工業化されようとも絶対に機械には置き換えられない。

ただし、ビジネスとしては効率化を追いかけ、より安定させていかなければならない。この本物の味への追求と効率化の狭間にある小さな針穴に糸を通していくのがビジネスの醍醐味ですから、私はこれを実現したかった。だから、今も続けているのです。

加工にしても、簡単なのは熱をかける、冷凍するなどが効率のよいやり方ですが、食べ物の本質とはそういうものではないでしょう。本間さんも素材を壊さない常圧釜の開発から始めて、熱を加えないジュール加熱機を導入するなど、つねにチャレンジして楽しみながら非常におもしろい方法で実現してきている。

**本間**　私が扱うのは主に鶏ガラですが、鮮度がいいと甘味が出ます。その甘味をスープに生かすために釜を食肉処理場に持ち込んだわけです。やはり、美味しいものを作るためには川上である素材の生産現場をしっかりおさえることが重要です。

**大河原**　ガラだからこそ鮮度が大事なんですよ。それは、絞め方の問題も大きいですね。

魚でも釣った直後に絞めないと血が回って骨と髄の間に残ってしまいます。これが生臭さの原因になります。鶏は牛や豚と同じに考える人が多いと思いますが、実際は魚に近いものですから、鶏を処理するときも絞め方が大切です。たとえば、アメリカの場合は動物愛護の考えが強いので鶏を処理するときは電気ショックを与えるのですが、これだと血が体外に出ていかないので徐々にアンモニア臭が発生してきます。どうしても血は関節に残ってしまいます。さまざまな業者がフライドチキンを製造していますが、食べたときによく見てほしいのですが、黒い骨と白い骨があります。これは絞め方の差なんですね。

**本間**　日本料理でも鮮度はもっとも重要で、魚の活き締めやさばき方については徹底的に叩き込まれます。

**大河原**　だから、本間さんが食肉処理場に釜を入れてストレートスープを炊き上げるというのは絶対に正しい。ご自身では当たり前のことを追求している感覚でしょうが、業界的に見れば相当すごいことをやっているのですよ。

**本間**　閃き、思いつきの段階では化学的な理論も商売のこともまったく考えていませんね。

**大河原**　頭がいいわけではないんです、お互いにね（笑）。我々は凝り性なんですよ。ただ楽しくて、一生懸命にひとつのことをやり続けて突き詰めていくと、そこに何かがあることに気づくのです。それから感覚、センスの問題です。さまざまな新しいことを思いつくのは化学的な論理に基づいているわけではなくて、感覚的に「これは良さそうだ」と感じるセンスでしょう。そして、より美味しいものをお客様に提供したいという思い。

出汁スープというのは料理のベースにもなり、ある意味で極地ですよ。ここから、どこへでも行ける。どんな料理にも使えるわけですから可能性は無限大です。今や世界中で使われている味の素の開発のきっかけは昆布です。昆布に何かがあると感じて突き詰めて、「うま味」の素のグルタミン酸の化学に行き着いたわけですから。

## 鶏肉に革命を起こした〝ハーブ鶏〟で畜産業に貢献する

**本間**　国産鶏にこだわってきた理由として、生産者との関係もあったようですね。

**大河原**　鶏の処理場は大規模なものですが、日本の生産者というのはほとんどが小規模経営です。尾根と谷が入り組んだ山ひだに養鶏場があって、大概はお年寄りのご夫婦が鶏をかわいがりながら経営していたものです。

私がある養鶏場を訪れたとき、ちょうど台風の日で森が騒いでいました。鶏も怖いものだから鳴きわめいていた。ところが、おばあさんの顔が見えた途端、ピタッと鳴きやむのです。その様子を見て私は感銘を受けましてね、日本中に毛細血管のように存在する養鶏場を潰してはいけない、絶対に守らなければいけないと思ったんです。だから私はいまだに国産鶏しか使わないのです。

**本間**　そうした思いが〝ハーブ鶏〟の開発につながっていくわけですね。

**大河原**　カーネル・サンダースの庭のような農場を作りたかった。それで、北海道の函館市と室蘭市の中間に位置する八雲町に実験農場施設を作りました。今から30年前のことです。放牧があるのだから〝放鶏〟があってもいいだろうと。ちょうど離農したいという農場主がいたので、「だったら、いっしょにやりましょう」ということで、北海道の広大な農地で鶏の放し飼いを始めたのです。

**本間**　こだわりが徹底していますね。

**大河原**　最初は300羽のヒヨコを放し飼いにしました。牧羊犬っていますよね。だったら〝牧鶏犬〟がいてもいいだろうということで、2頭のウェルシュ・コーギーを訓練してヒヨコを守らせました。理由は足が短くて目線が鶏と同じだから。

ある朝、ヒヨコたちが忽然と姿を消してしまった。2頭のウェルシュ・コーギーがハーブ畑の周りでうろうろして迷っている。一体どうしたことかと畑をよく見ていると、中でヒヨコたちがハーブを食べていたんです。ヒヨコは小さいからハーブに隠れて見えなかった。「これは何かあるに違いない」と直感して観察することにしました。すると、ヒヨコたちはハーブを食べ尽くすとクローバーを食べ始めました。それも食べ尽くすと、ようやく配合飼料を食べ始めるのです。

**本間**　そこには何か重要な理由があるわけですよね。

**大河原**　次に糞を調べてみました。すると、ハーブやクローバーを食べているうちは鶏糞が臭わないのですが、配合飼料を食べ始めると途端に臭ってくる。これは、鶏の本能、DNAが何を食べたらいいのかを知っているに違いないと感じました。そこで、食品メーカーの日清食品と化学メーカーのカネカと共同研究してハーブ配合飼料から作り上げたのがハーブ鶏なのです。ハーブ鶏は臭みがなく脂肪分が少ないのが特徴です。肉に黄色い脂肪がついている鶏肉がありますが、これが皮下脂肪で臭みの元です。ハーブを食べると消化が促進されることで余分な脂肪がつかずに、いい香りが身に残るのです。

**本間**　今やハーブ鶏は一大ブランドに成長しています。

**大河原**　その後、ハーブ豚にハーブ牛、ハーブハマチまで出ていますね。

**本間**　現在、マーケットに流通している商品のすべてが、大河原さんのハーブ鶏が発祥です。特許を放棄されたそうですね。

**大河原**　日本の食品業界にとって大きな意義があったと思います。

**本間**　そうした功績が認められて勲章を授与されましたね。

**大河原**　おかげさまで、ありがたいことに旭日中綬章をいただきました。勲章が欲しくて仕事をしてきたわけではないし、欲しいからといっていただけるものでもありませんから光栄なことです。

## 理想郷としての「ハーベスター八雲」での豊かな時間

**本間**　北海道八雲町の広大な農場にはレストラン「ハーベスター八雲」があります。新鮮な食材で作られた料理と大パノラマのローケーションを楽しめる大人気の観光スポットであり、町のシンボルにもなっています。

**大河原**　本当に気持ちのいいところですよ。日本国内で太平洋と日本海の両方に面している唯一の町ですから海産物が豊富です。私が町の親善大使になってアドバイザー的な役割

をしているので、とにかく自然を残そうということで30年間やってきました。町自体が「自然博物館」というテーマでさまざまな活動を行なっています。

農場はすべてが私の土地ではありませんが64万坪あります。入口には2キロにわたって白樺並木が続き、春から秋にかけては48軒の農家と一緒になって野菜の朝市も開催しています。丘の上のレストランではハーブ鶏はもちろん、採れたての食材を使ったピザや魚介料理も楽しんでいただけます。

**本間**　近隣には温泉があり、道立公園の「噴火湾パノラマパーク」もあって、これから北海道新幹線の駅もできるそうですね。

**大河原**　農場建設を始めてすぐに、この土地に高速道路を通す計画が持ち上がったのです。私は猛反対して、本気で撤退を考え始めたら高速道路が迂回することになり、その空いた土地に噴火湾パノラマパークができたわけです。新幹線の駅は２０３１年に開業予定です。

**本間**　まるで自然と一体化したテーマパークのようです。すばらしい先見の明ですね。

**大河原**　ただ好きなことをやっているだけですよ。初めはキタキツネが1匹だけいるような、本当に何もないところだったのです。そんな原野に10億円以上も使って農場を作るなんて、周囲からは「頭がおかしいんじゃないか」と言われましたから。先見の明があったらやりませんよ。投資目的や利益のために作ったわけでもない。自分の理想郷を作りたかったんです。初めてこの土地に立ったとき、目を細めて眺めていたらビジョンが見えてきた。牧舎や管理棟があって、レストランが丘の上に立っていて、というように。

**本間**　空想の翼が広がっていった……。

**大河原**　何もないからこそ自由なんです。だから自由に自分の思いを描いて、楽しみながら作り上げてきたのです。私は走るのは好きではない。コツコツ歩くことが好きなんです。この農場も一夜でできあがったわけでもないし、当初は道立公園や新幹線の駅ができるなんて考えてもいなかった。別にラッキーとも思っていないし、たまたまです。自分が好きなことを地元の人と楽しみながらやっていったら、自然に理想的な農場やレストランができてきた。そして多くの観光客の方々に楽しんでいただいている。今、ハーベスター八雲には年間84万人の観光客が訪れています。

**本間**　自由に楽しみながら仕事をしていくことが、従業員、株主、生産者、地元の人々、観光客、そして経営者の幸せにつながっていくわけですね。

## 大切なことは気負わず自然体で経営していくこと

**本間**　外食産業の未来については、どのようにお考えですか？

**大河原**　おもしろいでしょう。まだまだベンチャーたちが勃興してきますよ。これからの時代は規模ではないから〝小よく大を制す〟です。デリバリーサービスのウーバーイーツもあるし、情報も商品もいくらでもネットに上げられる。だから、本当の意味で腕のいいシェフだとか、他にはない特色のあることをやっている人にはいくらでもチャンスがありますよ。一番厳しいのは１０００店あるとか２０００店達成とか言っている経営者。

**本間**　身動き取れないですものね。

**大河原**　人も動きますよ。もはや日本人だけに頼っているオペレーションは限界でしょう。特にサービス系はフィリピンが有望です。今、海外も音を立てて動いている。私はベトナムやフィリピンに行くとワクワクします。１９７０年代の日本のようなエネルギーがありますね。

**本間**　それでも、日本のマーケットの縮小は避けられないのではないでしょうか。

**大河原**　それは見方、考え方の問題でしょう。若者は減少していても、お年寄りはまだまだたくさんいらっしゃるし、人間が食べることをやめるわけでもない。やはり、付加価値をどうつけられるかが大切です。今、多くのお客様は食べ物の裏側にあるストーリー、物語を聞きたがっています。単なる食料から、今は食品としての価値にこだわりを持つように変わってきていますからね。ですから、サービス、雰囲気、素材も含めて食を〝アート〟として考えていくことが重要でしょう。そして、もうひとつ確かなことは、良いものが限定になっているということです。食材は無限にあるものではない。いい食材というのは非常に限られているのです。

**本間**　飲食業だけでなく、〝川上産業〟である生産業から〝川下産業〟である流通・販売業まで、大きなチャンスの時代ということですね。

**大河原**　ハーブ鶏もそうだし、本間さんが開発した常圧釜を食肉処理場に持ち込んだのもそうだけれど、そうした努力の差が支持される時代になってきます。昔はお客様まで伝わらなかったから、わからなかった。ところが今ではネットやＳＮＳで直接発信できる時代になった。だから物事は考えようです。

ただ思うのですが、ＩＴもこれだけ発達すると情報がオーバーフローして情報の意味をなさなくなってしまう。ただの雑草になってしまう。すると、意外に情報と情報の行間がものをいう。そういう時代になる可能性があります。食べ物も、ますますそうなるかもしれない。たとえば、年間を通して生産しているフキノトウなんてないわけですよ。フキノトウは早春に地面から出てくる。そうした希少なものに価値を見出す時代になっていく。だから、どう上手にマーケティングできるかが重要なのであって、時代の変化のせいにするのは言い訳に過ぎないでしょう。

**本間**　やはり時代の流れ、兆しを見ていくことが重要だということですね。

## 時流を読み、流れに逆らわない

**大河原**　時流が読めたら今頃は株で大儲けしていますよ（笑）。大切なのは自然体でいること、自然の動きに逆らわないこと。私は鎌倉育ちで海で遊んできたから、潮の満ち引きというのが人生の原則なのです。東京から来る人は、それを知らないから引き潮のときに一生懸命陸へ戻ろうとして溺れるんですよ。引き潮のときは体を任せていくと沖の瀬で足がつく。それを知っているから、人生でもビジネスでも潮の満ち引きを非常に気にします。自然の法則には絶対に逆らってはいけない。人間の能力なんてたかが知れている。人間社会の流行り廃りで右往左往してはいけないのです。

**本間**　自然の法則と人生のタイミングをシンクロさせていくのですね。

**大河原**　だから、ダメなときはいくら勉強したってダメ。それで、中学校時代に2回も落第したわけです（笑）。でも、40歳でハーバード大学に行ったときは必死で勉強しました。そのときは私の人生の満ち潮の時期だったのでしょう。だから必死に勉強したら結構できちゃった。英語で1時間ぐらい講演できてしまうのだから、不思議ですよ。

**本間**　人生の満ち潮をとらえたら、努力を惜しまず全力投球あるのみですね。

**大河原**　それからもうひとつ、季節の流れがあります。春の次には夏が来る。それさえ間違えなければ大概のことは時間の経過とともに上手くいく。本間さんの場合は今、ハラール事業に突き進んで上手くいっているということは、それは正しいわけですよ。太陽の光を求めて、春のところへ寄っていけばいい。だから、逆に自分の考えに囚われ過ぎて強引にビジネスを進めてしまうと道を間違えてしまう。自然体で経営していけば、自然に正しいところに自分が持っていかれる。後から振り返ると、「あのときが春だった」ということになると思います。もう、そのステージに入っていますよ。

**本間**　おかげさまで、最近は海外からのスープのお問合せがたくさん来ています。中国、ベトナム、インドネシア、マレーシア、バングラデシュなどアジア各国はもちろん、中東のドバイ、ヨーロッパのバルト三国など10カ国にもなりました。今年は今まで以上に海外視察や海外の食品展示会などにも積極的に参加していきます。気負わずに、ハラールスープを最終的にアフリカ大陸にまで運ぶビジョンを描いていこうと思います。

**大河原**　私にもアフリカ大陸が見えます。本間さんには、いい意味での遊びがある。だから私もつきあっていて楽しいです。

**本間**　今後ともぜひ、よろしくお願いします。本日は、ありがとうございました。

（２０１８年3月20日　株式会社ジェーシー・コムサにて）

# おわりに

本書を最後までお読みいただき、ありがとうございました。

『ラーメンスープで世界を救う』というタイトルを見て、たかだかスープで何を大げさなと思われた方もいるかもしれません。しかし、私は本気でそう思っています。

少し説明させていただくと、「世界」という言葉には2つの意味を込めています。

1つは、もちろん「ワールド」という意味の世界です。タイの工場で生産したハラール対応スープを、東南アジア、中東、そしてアフリカにまで浸透させ、ムスリムの方々にも当社の美味しいスープを味わっていただきたい。人は美味しいものを食べているとき、不機嫌になることはありません。楽観的かもしれませんが、そのことで微力ながら世界平和に貢献できると固く信じています。

もう1つの「世界」は、ラーメン業界のことです。ラーメン店の経営は過酷で、それが廃業率の高さに表れています。当社のスープを採用していただくことで、店主の方々の負担を減らすことができ、余裕ある生活を送るお手伝いができればと願っております。

今回、総合法令出版から「本を書きませんか」と声をかけていただいたとき、「飲食業界の諸先輩方を差し置いて、自分が本を出すなんておこがましい」「本とは、成功者が書くもの」と思い、当初は固辞しました。しかし、私のささやかな経験と年甲斐もなくチャレンジしている姿が、閉塞感あふれる日本に少しでも勇気を与えられるならと思い、筆をとることになりました。そして、本の完成が近づいた今、私は覚悟を決めました。必ず２つの「世界」を変えてみせます。

もちろん、私一人の力には限りがあります。本書を読んで、当社のスープを採用したくなった方、新規に飲食店を開業したくなった方、ぜひ当社のスープをお試しください。必ずご満足いただけることと思います。また、ハラールやボーンブロスの可能性に興味を持った方、ぜひ一緒にお仕事をしましょう。ビジネスチャンスは無限に広がっていると思います。お気軽に当社までお問合せください。

本書が完成するまでには、本当に多くの方々にご支援をいただきました。紙面の関係でお一人お一人の名前を記せないのが残念ですが、株式会社ジェーシー・コムサの大河原毅代表取締役ＣＥＯにはご多忙の中、対談のお時間を取っていただいたばかりでなく、書籍の帯に過分な推薦のお言葉をいただき、深く感謝申し上げます。そして、自分勝手な私をいつも支えてくれているクックピット株式会社のメンバー、そして妻にも改めて感謝し、筆をおかせていただきます。

２０１８年４月吉日　本間義広

【著者紹介】

## 本間義広（ほんま・よしひろ）

クックピット株式会社　代表取締役社長／白湯師
1957年、東京都北区生まれ。服部栄養専門学校卒業後、和食の板前として飲食業界に入る。10年間の板前修業を経て、外資系レストラン「レッドロブスター」に転職し、スーパーバイザーとして国内店舗の統括を担う。在職中、東京・西麻布にあるとんこつラーメンの老舗「赤のれん」の味に出会い、1992年12月から同店で「時給800円」の皿洗いから再スタート。「この味を全国に広めたい」という思いから、大手企業の協力を得て「赤のれん」を「福のれん」として多店舗展開し、12年間で18店舗までの拡大に成功する。2006年8月、これまで培ったノウハウとスープの製造技術を活かし、長時間労働に苦しむラーメン店経営者の労働時間を大幅に削減できる業務用ストレートスープ（完全無添加の鶏白湯スープ）を日本で初めて製造・販売するクックピット株式会社を創業する。同社のスープは、多くの飲食店経営者に支持され、2018年4月現在、ラーメン専門店を含む全国約1500店舗で採用されている。また、「味分け」と呼ばれる独自のシステムにより、ラーメン店の新規開業支援も行っている。2017年10月からは、自社のラーメンスープを世界に広めるため、タイにハラール対応のスープ製造工場を設立。気鋭のシニア起業家として、いま最も注目される一人である。

**クックピット株式会社**
http://www.cookpit.co.jp/

**クックピット株式会社**
**公式サイト**

ラーメンスープで世界を救う

2018年 5 月16日　初版発行

著　者　本間義広
発行者　野村直克
発行所　総合法令出版株式会社
〒103-0001 東京都中央区日本橋小伝馬町 15-18
ユニゾ小伝馬町ビル 9 階
電話 03-5623-5121

印刷・製本　中央精版印刷株式会社


ISBN 978-4-86280-621-5
総合法令出版ホームページ　http://www.horei.com/